诸葛亮

欧阳絮◎著

中国友谊出版公司

图书在版编目（CIP）数据

诸葛亮 / 欧阳絮著 . -- 北京 : 中国友谊出版公司，2025. 8. -- ISBN 978-7-5057-6142-1

Ⅰ . K827=362

中国国家版本馆 CIP 数据核字第 2025XF0995 号

书名 **诸葛亮**
作者 欧阳絮
出版 中国友谊出版公司
发行 中国友谊出版公司
经销 新华书店
印刷 天津中印联印务有限公司
规格 880 毫米 ×1230 毫米 32 开
6.5 印张 122 千字
版次 2025 年 8 月第 1 版
印次 2025 年 8 月第 1 次印刷
书号 ISBN 978-7-5057-6142-1
定价 59.00 元
地址 北京市朝阳区西坝河南里 17 号楼
邮编 100028
电话 （010）64678009

前言

滚滚长江，滔滔不绝，如一条巨龙般蜿蜒流淌在华夏大地上，涤荡着古今无数英雄的魂魄。在那隆中之巅，云遮雾绕，宛如仙境，传颂着蜀汉名相卧龙的传奇故事。翠竹轻摇，似乎在低声细语，清泉潺潺，犹如在诉说着千古智谋的华章。

遥忆孔明当年之时，躬耕于田亩之间，心怀壮志，不为世俗所累。他手持羽扇，轻挥之间，尽显从容不迫之态。茅庐虽幽深简陋，却藏着他经天纬地之才。他与友人谈笑风生，却在不经意间，将三分天下的格局定于唇齿之间。这不仅是对天下大势的洞察，更是他无双智计的初步展现。

论及三国时代，英雄辈出，各领风骚。然而，在谈及英雄之时，诸葛亮岂能遗漏？那是一个战火纷飞、战鼓震天的时代，古人留下了智勇交锋的痕迹，今人则品味着传奇的韵味。在这个时代里，诸葛亮以智为刃、以忠为盾，历经数载春秋，铸就不朽的传奇篇章。

青春年华的诸葛亮博学多才，志向高远。他时而与友人共赏山川之美，论道谈经；时而静观天下大势，运筹帷幄。他深知天下将乱，百姓将苦，因此心怀为天下苍生谋福祉的宏愿。他与刘备相遇，两人一见如故，共谋大计。刘备宏图大展，志向愈发坚定，而诸葛亮也成为他最重要的谋士。

历经风雨变迁，诸葛亮始终忠于蜀汉，他的佳话流传于世。在败军之际，他毅然受命，肩负起挽救蜀汉的重任；在危难之间，他鞠躬尽瘁，死而后已，智慧和汗水洒满了蜀汉的每一寸土地。他淡泊名利，以明志为怀，宁静致远。他的高尚品格和远大志向，赢得了后世的无限敬仰。

诸葛亮走出茅庐，心中树立起了一座不朽的丰碑。他功盖三分国，名留八阵图，成为后世传颂的千古名相。在三国烽火连天的年代里，他联东吴、抗曹魏；他治蜀有方，兴水利、明法度、整军纪，使百姓安乐享太平。他智勇双全，恢复汉室的志向愈发昂扬。

历史如梭转瞬即逝，诸葛亮历经风霜雨雪，见证了三国的风云变幻。时局动荡不安，理想渺茫难寻。然而，他从未放弃过自己的信念和追求。他用自己的无双智计，为蜀汉的繁荣富强鞠躬尽瘁。天地苍茫岁月长，他的功绩和精神将永远铭刻在历史的长河中，成为后世子孙学习的榜样。

目录

第一章
卧龙现世：天才少年锋芒初露

汉末乱世，英雄如繁星般涌现。而在这璀璨的星河中，有一颗新星划破苍穹，他就是来自琅琊诸葛氏的诸葛亮。这位天才少年智谋超群、才华横溢，他的出现仿佛预示着新时代的曙光。

第二章
智引天下：三顾茅庐定乾坤

智星闪耀，定国运；茅庐三顾，乾坤转。诸葛亮，一代智谋化身，隐于山林，志在青云。刘备诚意相邀，卧龙终展翅，一场智与志的交会，奠定蜀汉江山。草庐策对，天下棋局已了然；羽扇轻摇，三国风云起波澜。智引天下，自此始矣。

第三章
蜀汉立国：诸葛亮智谋定江山

汉末风云激荡，天下英雄各据一方。蜀汉这个新生的政权，在诸葛亮的智谋布局下悄然崛起。随着刘备称帝，前路的挑战与机遇并存，诸葛亮又将如何以他的智慧与决断，引领蜀汉走向繁荣与稳定？

第四章
刘备殒命，北伐中原的序曲正式奏响

刘备殒命，蜀汉悲痛。此时南中叛乱未平，北伐中原亟需军事、经济支持以及稳定内部。丞相诸葛亮挺身而出，于新帝刘禅麾下，誓续“复兴汉室”征程。于是，诸葛亮决心先安内忧，再图发展，北伐中原的序曲在风雨飘摇中正式奏响。

第五章

北伐征途：诸葛亮壮志昭日月

怀揣着兴复汉室的宏伟壮志，诸葛亮踏上了北伐征途。每一次出征都寄托着他的壮志。武都、阴平的捷报，卤城的显赫战功，即便在五丈原上，诸葛亮壮志未酬身先死，但他的北伐之志仍如日月般明亮。这是一段智谋与失误交织的征程，也是一段永垂不朽的传奇。

第六章

明政之治：诸葛亮的治国“秀”

诸葛亮的政治生涯中有着许多闪耀时刻，他轻徭薄赋，抑豪强，兴农重商，治水安邦，全面推动了蜀汉发展。从农业到手工业，从水利到民生，这不仅是一场诸葛亮自己的治国韬略“秀”，更是蜀汉从新生到壮大的历史写照。

第七章
智勇之战：诸葛亮的军事“秀”

诸葛亮运筹帷幄之中，军事才华熠熠生辉。他巧布八阵图，神威赫赫，令敌胆寒；创木牛流马，使得蜀道天堑变通途，如履平川；设计损益连弩，一箭穿心，威力无敌。蜀中英豪汇聚，皆智勇双全，而诸葛亮更是其中的佼佼者。且看他如何妙用这些神兵奇阵，在乱世烽火中铸就一段不朽的传奇。

第八章

巨星陨落：诸葛亮的传世遗产

诸葛亮，巨星陨落，却永耀青史千秋。《出师表》字字情真，句句意切，其忠诚之心犹如皓月当空，长照后世。他的智谋深邃远大，影响绵延至今，所留传世遗产更是熠熠生辉，照耀人间。

第一章

卧龙现世：天才少年锋芒初露

汉末乱世，英雄如繁星般涌现。而在这璀璨的星河中，有一颗新星划破苍穹，他就是来自琅琊诸葛氏的诸葛亮。这位天才少年智谋超群、才华横溢，他的出现仿佛预示着新时代的曙光。

琅琊诸葛，名门之后的风采

琅琊诸葛氏是一个充满传奇色彩的家族，其历史渊源深厚，可追溯至西汉时期。他们世代居住在琅琊之地，以智慧与德行立世。西汉名臣诸葛丰刚正不阿，曾以弹劾权贵、捍卫正义而名垂青史。

据《汉书》记载，诸葛丰，字少季，琅琊诸县人，西汉著名官员，以刚直清廉、不畏强权著称。他自幼聪慧，通晓经术，曾任郡文学，后经贡禹推荐任侍御史。汉元帝时，提拔为司隶校尉，负责监察京师官员。诸葛丰执法严正，弹劾元帝宠臣许章，触怒元帝，被降为城门校尉。降职后，他仍坚持正义，继续上书检举官员不法行为，却反被元帝指责诬陷好人，最终被免官贬为庶人。诸葛丰虽遭贬谪，仍心系国家，后老死家中，其精神令人敬佩。而这种精神在诸葛家族人们的身上，也得到了完美的传承。

诸葛亮的父亲诸葛珪，虽未身居高位，却以学识渊博、为人正直而著称。他曾在东汉朝廷中担任过一些官职，因品行高洁而深受士人尊敬。诸葛家族在东汉末年已是一个颇具规模的士族大家，家族成员中不乏学识渊博、才华横溢之士。像诸葛亮的叔父诸葛玄，曾任豫章太守，在政治上也有一定的影响力。

据传，在诸葛亮降生之前，诸葛珪曾仰望星空，见到一颗熠熠生辉的文曲星，便预言家中将有文曲星下凡。果然，不久之后，诸葛亮便诞生于世，他的诞生被看作诸葛家族新希望的象征。

诸葛亮（181—234 年），字孔明，号卧龙，琅琊阳都（今山东省沂南县）人，三国时期蜀汉丞相，中国古代杰出的政治家、军事家、战略家、发明家、文学家。接下来，我将详细介绍本书的主人公——一位千古流芳的智者。

在诸葛亮幼年时，诸葛玄曾一度抚养他，这位叔父为他的成长提供了良好的教育条件。诸葛亮自幼天赋过人，除了聪颖好学之外，他还继承了家族中的军事传统。诸葛家族历来注重兵法、武艺的传承，诸葛亮自幼便跟随长辈学习骑射、兵法，练就了一身好武艺。据《三国志》记载，诸葛亮年轻时与徐庶、石广元等人一起游学。他们游历四方，寻访名士，切磋学问。在这个过程中，诸葛亮与好友们经常讨论兵法战略，分析历史战役，共同探讨用兵之道，这似乎也预示了他未来会成为一名卓越的军事家。

诸葛亮成长的年代正值东汉末年。乱世之际，天下群雄并起，战火连绵不断。黄巾起义、董卓之乱、诸侯割据……一系列的历史事件让东汉王朝摇摇欲坠。在诸葛亮十几岁时，琅琊一带也面临着战乱的威胁。因此，家族曾一度迁徙至荆州等地。这趟颠簸的旅程使诸葛亮更加深刻地体会到了乱世中人民的苦难，也坚定了他为天下苍生谋福祉的决心。

此后，尽管诸葛家族远离战火中心，但仍深受其影响。家族长辈们时常聚在一起谈论时局，分析天下大势。在这种氛围下长大的诸葛亮，对时局也有了独到的见解。

正是在这样的家族氛围和历史背景下，诸葛亮逐渐崭露头角，成为天下瞩目的英才。他以卓越的谋略和非凡的领导力，辅佐刘备建立蜀汉政权，并担任丞相一职，为蜀汉的繁荣稳定做出了巨大贡献。

自然，诸葛家族也因他的出现而焕发出新的生机与活力。在诸葛亮的带领下，诸葛家族成员在蜀汉政权中担任要职，为蜀汉的发展贡献了重要的力量。

而这一切的起点，都源自他那个显赫的家族背景及家族对他的殷切期望。在未来的岁月里，诸葛亮将以他无双的智谋和胆略，继续引领诸葛家族走向更加辉煌的未来。

少年神童，书本里的“掘金者”

在烽火连天的三国乱世，学术之风却如一泓清泉，流淌在荆州大地。荆州学派在刘表的庇护下，汇聚了四方英才，他们摒弃繁文缛节，追求简约实用，儒道交融，为学术领域注入了新的活力。诸葛亮身处其中，自然深受熏陶。他的读书方法，既是个人才华的体现，也是时代风气的产物。

《三国志·诸葛亮传》裴松之注引《魏略》，记录了一段极富深意的历史：

> “亮在荆州，以建安初与颍川石广元、徐元直、汝南孟公威等俱游学，三人务于精熟，而亮独观其大略。每晨夜从容，常抱膝长啸，而谓三人曰：‘卿三人仕进可至刺史、郡守也。’三人问其所至，亮但笑而不言。”

意思是说，在建安初年，诸葛亮于荆州与颍川的石广元、徐元直及汝南的孟公威等志同道合之士共同游学。他们三人致力于深入钻研，务求将所学之书精通熟透。然而，诸葛亮却独树一帜，即聚焦于书中的核心要义与宏大主题。每当晨昏交替，闲暇之余，诸葛亮常抱膝长啸，显露出超然物外的风姿。他曾对三位学友预言："你们将来步入仕途，定能官至州刺史、郡守之位。"当被问及自身未来时，诸葛亮却只是含笑不语。

这段史料透露出诸葛亮年轻时与众不同的读书方法，从而引起了后世学者的广泛关注与深入探讨。彼时，诸葛亮正值青春年少，他与同龄好友，一起探寻知识之道。众人皆沉迷于书本之海，力求精通熟练，唯独诸葛亮独树一帜，他秉持"观其大略"之读书法，意在深悟书中之精髓，而非字句之纠结，此法不仅高效，且为他日后的辉煌奠定了基石。

对于诸葛亮来说，他深知自己读书的目的绝对不是去当一名儒生，而是想辅佐理想的领袖，成为一个文武双全的"实干家"。因此，他所需要的知识是历史观、大局观方面的明确指导，是治国、治军方面的重大借鉴等。与徐庶等人相比，诸葛亮的高明之处在于能够跳出书本束缚，从更高角度审视和理解所学知识，从而在面对复杂问题时迅速找到症结并提出解决方案。

此外，诸葛亮的儒道兼容思想，在政治与人生哲学上体现得淋漓尽致。他誓言效忠刘备，彰显儒家忠君之本色。他在《诫子书》中又说"夫君子之行，静以修身，俭以养德。非淡泊无以明志，非宁静无以致远”，表达出道家的淡泊情怀。这不仅彰显了他胸怀天下的壮志，也反映了他深受荆州学派熏陶的求学经历。这种兼容并蓄的思想格局，使他在乱世中能够保持清醒的头脑和坚定的信念。诸葛亮的学术与人生历程，不仅为后世学子提供了读书与治学的宝贵借鉴，更在历史长河中留下了不可磨灭的印记。

拜师“大咖”，五经之外还有“独孤九剑”？

荆州这片沃土，自古以来便是人文荟萃之地。山川秀美，江河壮阔，不仅孕育了丰富的物产，更滋养了一代又一代的英才。在荆州城南，有一片被世人遗忘的幽静山谷，那里住着一位名叫庞德公的老者。他非但精通儒家经典，更对兵法、道术、天文地理有着独到的见解，是当地人口中的“活神仙”。无数士子慕名而来，却往往难以得见真颜。

诸葛亮年少时便随叔父诸葛玄迁居荆州。在襄阳城外的隆中，山水环绕间，有一处幽静雅致的草庐。这里便是诸葛亮少年时期潜心修学的地方。彼时，他虽年纪轻轻，却已显露出不凡的才智与志向。良好的家庭为诸葛亮提供了得天独厚的学习条件，而他对儒家经典的掌握更是达到了炉火纯青的地步。然而，诸葛亮的学问并未止步于此。

那时的他，虽年少却心怀大志，深知在这乱世之中，唯有学识与智慧方能立身。听闻庞德公性格高洁，不慕名利，却乐于提携后辈，心中暗自思量：“若能得此高人指点，何愁大业不成？”于是，他决定踏上寻师之旅，哪怕前路艰难，也要一探究竟。

这一日，阳光明媚，诸葛亮整理好衣冠，带着自己撰写的几篇文章，踏上了前往庞德公家的道路。那是一条蜿蜒曲折的小径，两旁是郁郁葱葱的林木，偶尔传来几声鸟鸣，更显山林之幽静。诸葛亮心中既兴奋又忐忑，他不知道自己能否得到这位大儒的青睐，但那份对知识的渴望让他义无反顾。

当诸葛亮站在庞德公的草堂前时，心中难免有些紧张。草堂简陋，却透出一股超凡脱俗的气息。门前几株翠竹随风轻摇，仿佛在低语。诸葛亮鼓起勇气，轻轻叩门，心中默念着早已准备好的说辞。

“在下诸葛亮，特来拜访庞德公，请求拜师求学。”诸葛亮恭敬谨慎地说道。

仆人上下打量了一番诸葛亮，见他仪表堂堂，气度不凡，便点头示意他稍等片刻，转身进去通报。

不一会儿，庞德公亲自迎了出来。他见到诸葛亮，眼中闪过一丝赞赏的神色。两人寒暄几句后，庞德公便邀请诸葛亮入内详谈。

诸葛亮初见庞德公时，两人曾有过一段深刻的对话。庞德公问诸葛亮：“汝欲学何术？”

诸葛亮回答道："愿学兵法、谋略，以助国家。"

庞德公听后，微微点头，说道："兵法、谋略，非小道也。然汝年少，恐难领悟其中之精髓。"

诸葛亮却坚定地说："吾虽年少，却有志于学。愿先生不吝赐教。"

在书房中，诸葛亮将自己撰写的文章恭敬地呈献给庞德公。庞德公接过文章，细细品读起来。随着阅读深入，他的脸上逐渐露出了惊喜之色。这些文章见解独到、文笔犀利，尤其是其中对兵法、谋略的阐述，更是让庞德公刮目相看。

庞德公放下文章，看着眼前的这位少年英才，心中感慨万分。他知道，这个年轻人将来必成大器。于是，他郑重地点了点头，表示愿意收诸葛亮为徒。

诸葛亮闻言大喜过望，连忙跪下磕头拜师。从此，他便在庞德公的指导下，开始了对兵法、谋略的深入学习。在接下来的日子里，庞德公悉心教导他的爱徒，不仅讲解理论知识，还结合实战案例进行剖析。诸葛亮如饥似渴地学习着，不断汲取着庞德公的智慧。

在庞德公的教导下，诸葛亮的兵法谋略日益精进。他不仅熟读《孙子兵法》《六韬》等古代兵书，更能在实战演练中灵活运用，创造出属于自己的兵法理论。

同时，诸葛亮还深谙"攻心为上，攻城为下"的道理。他认为，战争不仅是武力的较量，更是心理的博弈。在日后的南征孟获、北伐中原等战役中，这一理念得到了充分的体现，使得诸葛亮能够以少胜多，以弱克强，成为后世传颂的佳话。正是这段学习经历，诸葛亮创造出一套属于自己的“孤独九剑”。这里所指并非真的剑法，而是他自己钻研出的独特战术体系，正因为此，在日后的战场上，他才能屡建奇功。

在求知的道路上，诸葛亮并不满足于只向一位老师学习。除了拜庞德公为师，他还积极向其他名士请教，以博采众长，拓宽自己的知识领域。

据《襄阳记》等史料详细记载，诸葛亮在襄阳求学期间，与司马徽、黄承彦等多位当地名士交往甚密。他们经常聚在一起，或于琴瑟和鸣中交流心声，或在茶香氤氲中畅谈天下大事。

司马徽，字德操，东汉末年隐士，精通奇门、经学，有“水镜先生”之称。他为人清雅，学识广博，有知人之明，对诸葛亮的才华大加赞赏，并多次在公开场合称赞诸葛亮为“卧龙”。意指其有经天纬地之才，只是时机未到，一旦风起，必将腾云驾雾，成就非凡事业。诸葛亮对司马徽的知遇之恩铭记于心。二人亦师亦友，常常探讨各种学术问题至深夜。

另一位名士黄承彦，则是襄阳地区的著名文人，尤其精通天文、地理。诸葛亮曾多次造访黄府，与其共同研究天文星象，探讨地理形势。这些交流不仅让诸葛亮对天文地理知识有了更深入的了解，也为他日后在战争中运筹帷幄、决胜千里奠定了坚实基础。

随着学识的增长和阅历的丰富，诸葛亮逐渐形成了自己独特的人生观和价值观。他深知乱世之中要想保全性命并成就一番事业，光有才华远远不够，还需有坚韧不拔的意志和审时度势的智慧。因此，在拜别庞德公之后，诸葛亮并没有急于投身仕途或投身军旅之中，而是选择了隐居隆中，静待时机。

隆中隐居，其实是在“憋大招”

在荆州襄阳的隆中，有一片静谧而幽雅的山林，这里远离尘世的喧嚣，仿佛世外桃源。在这片山林之中，有一座简陋却雅致的茅庐，这便是诸葛亮隐居之地。世人皆传，诸葛亮是一位才智超群的天才少年，却因时局动荡而选择隐居于隆中，不问世事。然而，历史的真相却远非如此简单。诸葛亮在隆中的隐居生活，其实是他精心策划的“蛰伏”，为未来的事业做着充分的准备。

我们扭转历史时空的视角，先来聊一聊诸葛亮一家为何从琅琊搬到荆州。

这要从诸葛亮的父亲去世开始说起。诸葛珪，字君贡，是东汉末年的一位官员，曾任泰山郡丞（相当于现在的常务副市长）。然而，关于他去世的具体时间和细节，史书中并没有明确的记载。但根据诸葛亮的生平事迹，我们可以推断出，诸葛珪在诸葛亮年幼时便已离世。

父亲早逝，诸葛亮和他的弟弟妹妹便由叔父诸葛玄抚养。据《三国志·诸葛亮传》等史料记载，诸葛玄在袁术手下曾任豫章太守。然而，后来汉朝派朱皓取代了诸葛玄的豫章太守职务。面对这样的变故，诸葛玄为了家族的安全，决定带着诸葛亮及其弟、妹逃离袁术的势力范围，寻找一个相对安定的地方定居。最终，他们决定前往荆州投靠荆州牧刘表。

《三国志·蜀书·诸葛亮传》中明确提到："玄素与荆州牧刘表有旧，往依之。玄卒，亮躬耕陇亩。"由此看来，诸葛亮一家之所以会前往荆州，是因为诸葛玄与刘表有老交情。

刘表是东汉末年的名士，他统治下的荆州相对安定，吸引了许多因战乱而流离失所的士人和百姓。诸葛玄看中了荆州的安定和富饶，加之有老友的帮助，便决定在此定居。他选择了襄阳附近的隆中作为家族的栖息地，这里山林茂密，环境幽静，既远离战乱的纷扰，又便于隐居修学。

于是，经过一番辗转，诸葛玄带着一大家子终于在荆州的襄阳安顿下来，生活又开始恢复正常和安宁。但是，他们哪里想得到，不久又有一场大变故无情降临——当家人诸葛玄竟然不幸去世了！

诸葛玄的死亡原因，在史书中存在两种主要的记载。这两种记载各有其历史背景和细节描述。

第一种记载是说诸葛玄在投靠刘表后不久，便因病去世。

这表明诸葛玄的死因是自然疾病，而非他杀或意外。

第二种记载见于裴松之在《三国志》的注中引用了《献帝春秋》的内容。据《献帝春秋》记载，豫章太守周术病亡后，刘表推荐诸葛玄继任豫章太守，治所在南昌。然而，汉朝听闻周术过世后，任命朱皓代替诸葛玄为豫章太守。朱皓为了夺取太守之位，向扬州刺史刘繇求兵攻打诸葛玄。诸葛玄无奈退守西城，但最终在建安二年（197 年）正月，西城居民叛乱，杀死了诸葛玄，并将其首级送给了刘繇。

这两种记载存在明显的差异。第一种记载较为简单，直接指出诸葛玄是因病去世，没有涉及复杂的政治斗争和战乱。而第二种记载则充满了戏剧性，诸葛玄因政治斗争和战乱而被迫逃亡，最终死于乱民之手。

从历史学的角度来看，对于历史事件的记载，由于时代、立场、信息来源等因素的限制，往往会出现多种版本。在缺乏确凿证据的情况下，很难断定哪一种记载更为准确。不过，从《三国志》作为正史的地位和影响力来看，第一种记载可能更为人们所接受和认可。

我们重新将目光聚焦于诸葛亮。叔父离世，让年仅十六七岁的诸葛亮肩负起家庭的重担。面对生活的压力，他不得不深思熟虑，为全家的生计谋划出路。

经过一番冷静的思量，诸葛亮毅然做出了一个艰难却意义重大的决定：举家迁至附近的乡村，亲执犁铧，耕种田地，以自给自足，开启自力更生的新生活。这一决定，在《三国志·诸葛亮传》中被概括为简练的四个字——“躬耕陇亩”。

谈及隆中这片土地，《三国志·诸葛亮传》裴松之注所引习凿齿的《汉晋春秋》中有着这样的记载：“亮家于南阳之邓县，在襄阳城西二十里，号曰‘隆中’。”意思是说，诸葛亮当时的家位于南阳郡邓县境内，襄阳城以西二十里的隆中之地。

对于这段自己主动选择的田园生活，诸葛亮在日后呈给后主刘禅的《出师表》中曾坦诚描述：“臣本布衣，躬耕于南阳；苟全性命于乱世，不求闻达于诸侯。”其中，“苟全性命于乱世，不求闻达于诸侯”两句，透露出他当初最坏的打算。在隆中务农的日子里，他已做好两手准备：若能在此等候到心仪的辅佐对象，便出山施展才华，共图大业；倘若等不到合适的人选，他也绝不将就，宁愿在这如诗如画的隆中山林中，且耕且读，了此一生。

然而，诸葛亮岂是池中之物？他怎可能真的安于一生躬耕陇亩的命运？在这段平静的农耕岁月里，年轻的诸葛亮正默默积蓄力量，酝酿着自己的惊世“大招”。

具体说来，他的“大招”至少涵盖了四个方面。

其一，躬耕南阳，关注民生。

在这一时期，诸葛亮十分关注当地的民生问题。他深知，民为国之本，唯有百姓安居乐业，国家方能长治久安。因此，他常常走出草庐，深入田间地头，与百姓亲切交流，倾听他们的心声与疾苦。

虽然在《三国志》等正史中并未详细记录隆中时期诸葛亮对农业与民生问题的研究，但我们从其后来作为蜀汉丞相时推行的政策（如屯田制等），可以推断出他对农业的重视和对农耕技艺的了解。这些政策旨在提高农业生产效率，确保国家的粮食安全，从而稳定社会秩序。再从诸葛亮的人生经历来看，他能够制定出这样的政策，与其隆中时期的农耕生活经验是密不可分的。

其二，结交英豪，广纳天下贤才。

在隆中隐居的日子里，诸葛亮得以结识众多志同道合的英雄豪杰。他们或为当地名士，或为游历四方的饱学之士，或为胸怀壮志的青年才俊。诸葛亮与他们把酒言欢，纵论天下大事，彼此引为知己。通过这些英豪的引荐与交往，诸葛亮不仅拓展了自己的人脉网络，更结交了大批才华横溢的精英。这些英才日后多成为其麾下的得力干将，为他的霸业立下了不朽功勋。

以下我挑选几位对诸葛亮人生产生重大影响的人物来简要叙述。

首先要介绍的就是徐庶。

《三国志·诸葛亮传》中有记载：

> “时先主屯新野。徐庶见先主，先主器之，谓先主曰：‘诸葛孔明者，卧龙也，将军岂愿见之乎？’”

徐庶原本为寒门子弟，但学识渊博，尤其精通兵法。诸葛亮与徐庶相见恨晚，两人经常在一起探讨天下大事和兵法策略。后来，徐庶在刘备投奔刘表之际，向其推荐了诸葛亮，这也为后来刘备三顾茅庐埋下了伏笔。

此外，前文提到的庞德公、司马徽等名士，也是这一时期对诸葛亮影响深远的人物。庞德公是荆州地区的知名人士，也是诸葛亮的老师。他对诸葛亮的才华大加赞赏，并将其誉为“卧龙”。而司马徽则是当时的隐士高人，他精通兵法、天文、地理等知识，与诸葛亮有着深厚的友谊。据《襄阳记》记载，诸葛亮曾向司马徽学习《申》《韩》之书，并深受其影响。与这些名士的交往，不仅提升了诸葛亮的知名度，也为他后来出山辅佐刘备打下了坚实的基础。

随着诸葛亮的个人知名度逐渐提高，在他的身边聚集了一些才华横溢的人才。如马谡、向宠等，都是诸葛亮在隆中时期结识并后来吸纳到自己的幕府中的。这些人才在诸葛亮的北伐中原、治理蜀汉等事业中发挥了重要的作用。

例如，马谡虽然在街亭之战中犯了错误，但他在之前曾向诸葛亮提出过“攻心计”等策略，显示了其过人的智慧；而向宠则在诸葛亮北伐期间负责留守后方，其忠诚和能力都得到了诸葛亮的肯定。后来，这些人物都在诸葛亮的推荐或提拔下，成为蜀汉政权的重要官员或将领。

其三，修身养性，静待时机。

除了上述的准备，诸葛亮还十分注重对自身修养的提升。他深知，一个真正的领导者不仅需要有智慧和勇气，还需要有高尚的品德和魅力。因此，他在隆中的隐居日子里，经常静坐冥想，修炼自己的心性。

《三国志·蜀志·诸葛亮传》中记载：

> “亮躬耕陇亩，好为《梁父吟》。身长八尺，每自比于管仲、乐毅，时人莫之许也。惟博陵崔州平、颍川徐庶元直与亮友善，谓为信然。”

这段描述展现了诸葛亮在隆中隐居时的生活状态，以及他内心的抱负和自信。虽然他自比管仲、乐毅这样的古代贤人，但当时的人们并不都认同他的自我评价。

然而，诸葛亮并不急于表露自己的才华，而是静待时机的到来。因为他深知，乱世之中，锋芒毕露往往会引来麻烦。基于这种沉稳、内敛的性格，他在后来的政治和军事生涯中始终保持着清醒的头脑和冷静的判断力。

其四，精心筹谋，候得明君。

虽然深居田园，但诸葛亮一直都在暗中筹划着自己未来的道路。他明白在这纷乱的时局中机会往往稍纵即逝，因此必须时刻保持警惕与敏锐才能捕捉住那些机遇。

当刘备三顾茅庐前来拜访时，诸葛亮便倾囊相授，将自己的智慧与谋略悉数奉献给了这位未来的君王。他为刘备勾勒出了一幅宏伟的战略蓝图，提出了占据荆州、益州联合孙权共抗曹操的“隆中对”策略。这一策略不仅助力刘备日后成就了一番霸业，更成为中国历史上脍炙人口的战略佳话。

经过一番蛰伏与筹谋，诸葛亮在隆中的隐居生活终于迎来了转机。他的智慧与谋略，在这幽静的山林中得到了充分的沉淀与升华。英雄的背后亦有一段佳话传颂。在隆中的岁月里，诸葛亮不仅积累了智慧与力量，更结识了他一生的伴侣——黄月英。她为诸葛亮的生活增添了更多温情与色彩。未来，他们将携手走过风风雨雨，共同见证历史的变迁。

迎娶黄氏，家有贤妻，夫复何求？

诸葛亮年纪轻轻，便以其非凡的智慧和过人的才情名扬荆州。他年少时便失去了双亲，由叔父诸葛玄抚养长大。然而，这并未阻挡他成为一代奇才的脚步。相反，逆境似乎更加激发了他的潜能。他的才华不仅体现在对儒家经典的烂熟于心，更在于他能够将所学融会贯通，举一反三。他的智慧不仅体现在对兵法战策的深刻理解，更在于他能够洞察时局，预见未来。他的品德更是令人钦佩，为人正直，谦逊有礼，对待朋友真诚以待，对待师长恭敬有加。这样的诸葛亮，无疑是荆州士人圈中的一颗璀璨明星。

然而，正如那句老话所说，“英雄难过美人关”，即便是智慧如诸葛亮，也终究要面对人生中的另一大考验——婚姻。在那个时代，婚姻不仅是两个人的事情，更是两个家族的事情。对于诸葛亮这样的青年才俊来说，他的婚姻自然也引起了众多世家大族的关注。

在诸葛亮的众多追求者中，有一位黄氏女子尤为引人注目。这黄氏并非寻常人家，她的家族在荆州颇有声望，且她本人也是才貌双全、智勇兼备。据说，黄氏自幼便对诗书兵法有着浓厚的兴趣，且天赋异禀，很多男儿都望尘莫及。然而，她性格却极为低调，不喜张扬，故而她的才名并未广为人知。

这位黄氏女子，究竟是何许人也？她便是黄月英，三国时期荆州沔南白水人氏，东汉末年名士黄承彦的千金。《三国志》中虽未直接记述她的生平事迹，但裴松之在注解时引用了《襄阳记》中的一段佳话，那便是黄承彦向诸葛亮提亲的故事，从而为这位女子在历史中留下了一抹亮丽的色彩。

说起黄月英的相貌，古往今来众说纷纭。有人赞她美貌动人，有人却道她容貌丑陋。然而，无论世人如何评说，对于她的才华与人品却是无人不赞、无人不敬。《襄阳耆旧记》中曾记载，黄承彦对诸葛亮言道："闻君择妇，吾有一女，虽貌不惊人，却才华横溢，可堪与君相配。"诸葛亮闻听此言，当即欣然应允。这段记载便成了黄月英相貌"丑陋"之说的源头。然而，在民间传说中，她却是一位才貌兼备的奇女子，不仅诗文俱佳、武艺超群，更擅长机械制造，被誉为"三国第一才女"。

黄月英的真实相貌究竟如何，我们已无从知晓。或许她真的如黄承彦所言，相貌平平却才华横溢；又或许她本是美女，只是被父亲故意说成丑女以试探诸葛亮的真心。还有一种可能，那便是她并不丑陋，只是不符合当时社会的审美标准罢了。无论如何，她都是历史上一位值得我们铭记的奇女子。

书归正传。一日，诸葛亮的叔父诸葛玄与黄氏的父亲黄承彦在一次士人聚会中偶遇。两人谈及家事，诸葛玄不禁为侄儿的婚事忧心忡忡。黄承彦听后，微微一笑，道：“吾有一女，名唤黄月英，虽容貌非倾国倾城，然才智却胜过须眉。若令侄不弃，吾愿将小女许配于他。”

诸葛玄听后，心中虽有疑虑，但念及黄承彦的为人和家世，便也心生几分期待。于是，他回到家中，将此事告知了诸葛亮。诸葛亮听后，并未立即答应，而是问道：“叔父，此女才情如何？”

诸葛玄道：“据黄公所言，此女才智过人，非寻常女子可比，且她精通天文地理，善制机关奇巧之物。”

诸葛亮闻言，心中一动，道：“如此甚好，侄儿愿意见一见这位女子。”

数日后，诸葛玄带着诸葛亮前往黄府拜访。黄府位于荆州城中的一处幽静之地，虽不豪华，却透着一股书香之气。诸葛玄与诸葛亮被迎进客厅，只见黄承彦早已在府中等候。他身着儒衫，面带笑容，显得十分和蔼可亲。见诸葛叔侄前来，黄承彦便热情相迎。宾主落座后，黄承彦命人请出黄月英与诸葛亮相见。只见黄月英身着朴素衣裳，面容虽非绝美，却透着一股超凡脱俗的气质。她见到诸葛亮后，并未羞涩躲闪，而是大方地行了一礼，道：“久闻诸葛公子大名，今日一见，果然名不虚传。”

诸葛亮闻言，心中暗自赞叹黄月英的胆识和气质。他回了一礼，道：“黄小姐过誉了，亮不过一介书生，何足挂齿？”

两人一番寒暄后，便开始谈论起诗书兵法来。这一谈，诸葛亮才发现黄月英的才情果然非同小可，她对兵法的见解独到而深刻，对诗书的理解也是别具一格。两人越谈越投机，竟有相见恨晚之感。

黄承彦见两人如此投缘，心中大喜，便命人摆上酒席，款待诸葛叔侄。酒过三巡，菜过五味，黄承彦突然话锋一转，道：“吾闻诸葛公子有志于天下，不知对婚姻之事有何看法？”

诸葛亮闻言，微微一愣，随即道：“亮虽不才，却也知婚姻乃人生大事，不可儿戏。若得贤妻相助，自当携手共进，共谋天下。”

黄承彦听后，哈哈大笑，道：“吾女月英，虽非绝色佳人，然才智过人，且心地善良。若公子不弃，吾愿将小女许配于你。”

诸葛亮闻言，心中一动，看向黄月英。只见黄月英面带微笑，眼神中透露出坚定和期待。诸葛亮心中已然有了决定，他站起身来，向黄承彦深深一揖，道：“承彦公美意，亮岂敢推辞？愿与黄小姐共结连理，白头偕老。”

就这样，诸葛亮的婚事在愉悦的氛围中定了下来。虽然这桩婚事在外人看来或许有些门不当户不对，但在诸葛玄和黄承彦看来，却是天作之合。

婚后，诸葛亮与黄月英举案齐眉，相敬如宾。黄月英不仅是一位贤内助，更是诸葛亮事业上的得力助手。她深居简出，不常抛头露面，将家中操持得井井有条，让诸葛亮能够无后顾之忧地投身于学业和事业中。

相传，在诸葛亮发明木牛流马时，黄月英也给予了不少宝贵的建议。那日，诸葛亮在院中苦思冥想，如何改进运输工具以减轻士兵的负担。黄月英见状，走过来问道："夫君为何如此苦恼？"诸葛亮便将心中的想法告诉了她。黄月英听后，沉思片刻道："夫君何不仿照螺旋之理，制成一种可旋转之器，以省力搬运重物？"诸葛亮闻言，眼前一亮，当即与黄月英一起动手试验。经过数日的努力，木牛流马终于问世，其省力之便令众人叹为观止。

此外，黄月英还在诸葛亮的政治生涯中发挥了重要作用。她虽然不直接参与政治活动，但时常为诸葛亮出谋划策，提供智囊支持。在诸葛亮辅佐刘备建立蜀汉政权的过程中，黄月英的智慧和才华无疑起到了不可估量的作用。每当诸葛亮遇到难题时，他总是习惯性地与黄月英商量。而黄月英也总是能够凭借自己的才智和见识，为诸葛亮提供宝贵的建议。

黄月英的贡献并不仅仅体现在对诸葛亮事业的支持上，她更是一位深明大义的巾帼英雄。在蜀汉政权建立后，她深知自己作为诸葛亮妻子的身份敏感且特殊，因此始终保持着低调和谦逊的态度。她从不炫耀自己的才华和功绩，而是默默地站在诸葛亮的身后，作为他坚实的后盾。每当诸葛亮出征在外时，她总是默默地为他祈祷平安，并照顾好家中的一切。

诸葛亮对黄月英也是深爱有加。他深知自己能够取得如此成就，离不开黄月英的支持和付出。因此，他始终对黄月英保持着敬重和感激之情。两人相濡以沫多年，感情始终如一。他们常常在月光下漫步，谈论天下大事和人生哲理。每当这时，诸葛亮总是感慨万分地说："吾得妻如此，夫复何求？"

此外，黄月英还以其独特的眼光和见识，为诸葛亮培养了几个优秀的子女。她深知教育子女的重要性，因此始终注重对他们的培养和教导。在她的悉心教导下，诸葛亮的子女们都成为有才华、有品德的人才。其中，诸葛瞻更是继承了父亲的遗志，成为蜀汉的忠臣良将。

诸葛亮的婚姻生活无疑是幸福美满的。他迎娶了黄月英这样一位贤妻良母，不仅得到了生活上的悉心照料和事业上的得力支持，更在精神上得到了无尽的慰藉和鼓励。这样的婚姻生活，让诸葛亮能够全身心地投入到自己的事业中，为蜀汉政权的发展立下汗马功劳。而黄月英作为诸葛亮的贤内助和得力助手，也以其独特的智慧和才华，在蜀汉历史上留下了浓墨重彩的一笔。

徐庶大哥，你这位朋友有点厉害

时光匆匆，光阴似箭，恍惚间，那些战火纷飞的岁月已成历史长河中的往事，而诸葛亮的英雄传奇却依旧在世间广为传颂。在他少年得志、智计超群的辉煌背后，总有一道身影如影随形，宛如他人生旅途中的一盏指路明灯，引领着他勇往直前，那便是他的挚友与导师——徐庶。

徐庶，字元直，与诸葛亮同为荆州人士，两人虽出身不同，却因缘际会，结下了不解之缘。徐庶性格豪爽、智勇双全，在荆州地区颇有威望，人们常言其有王佐之才。汉献帝建安六年（201 年），刘备屯驻新野时，徐庶前往投奔，并向刘备推荐诸葛亮。徐庶以其卓越的军事才能和政治智慧，为刘备的事业注入了新的活力。建安十三年（208 年），曹操南征荆州，徐庶的母亲被曹军带走。徐庶为了保全母亲，不得不向刘备辞行，进入曹营。后来此事被加工为“徐庶进曹营——一言不发”等歇后语，广为流传。徐庶进入曹营后，虽然曹操对其颇为赏识，但徐庶始终不为曹操设谋。魏文帝时，徐庶官至右中郎将、御史中丞。

根据《三国志》裴松之注所引的《魏略》记载，我们可以一窥徐庶早年的非凡经历，这些经历充分展现了他的智慧与勇气。

《魏略》中述说，徐庶本名徐福，年少时血气方刚，行侠仗义。中平末年，他曾为友人报仇，以白土涂面，散发而逃，却不幸被官吏擒获。官吏追问他的姓名，他宁死不屈，拒不吐露。于是，官吏将他绑在车上，扬言要当众将他肢解，并击鼓示众。街市之上，无一人站出来指认他，最终，他的挚友将他从危难中救出。

尽管这段记述并未直接描绘徐庶如何以口才说服官吏放他一条生路，但从他被捕后的坚毅表现（宁死不肯透露姓名，最终依靠友人的力量重获自由）以及他日后的辉煌成就来看，不难推断，徐庶在年少时便已展现出了超凡的智慧与过人的胆识。这样的徐庶无疑是那个时代中一颗璀璨的明星。

书归正传，前文提及诸葛亮一家在隆中安顿下来后，便开始了一边读书学习、一边亲身耕作的田园生活。

一日，徐庶在偶然的机会下，于市井听闻了诸葛亮的大名。据传，这位青年才俊不仅学识渊博，贯通经史子集，而且机智过人，能洞察时局，预测未来。徐庶心中不禁生起了好奇之心，决定亲自去探访这位传说中的奇才。

春日里，阳光和煦，微风轻拂，徐庶踏上了前往诸葛亮居所的路。他穿过繁华的街市，越过潺潺的小溪，终于来到了一片宁静的竹林旁。诸葛亮的居所便隐匿在这片竹林之中，简朴而清幽。

徐庶轻轻推开柴门，只见一位青年正端坐于书房之中。书房内布置简洁，却充满了书香之气。墙上挂着几幅山水画卷，桌上摆放着文房四宝和几卷兵书。青年手持一卷兵书，聚精会神地研读着，仿佛外界的一切都与他无关。那兵书或许是《孙子兵法》，或许是《六韬》，皆是古代兵家之经典。

徐庶仔细观察这位青年，只见他眉宇之间透露出一股不凡的气质，眼神深邃而明亮，仿佛能洞察人心。他的面容虽不算英俊非凡，却有一种难以言喻的魅力，让人忍不住想要靠近他、了解他。徐庶心中暗暗称奇，心想这位青年将来定有杰出的成就。

这时，诸葛亮抬起头，见到徐庶，脸上露出了淡淡的微笑。他起身相迎，礼貌而谦逊。两人寒暄几句后，便坐定下来，开始深入交谈。

徐庶发现，诸葛亮对天下大势了如指掌，对各国政治、经济、军事情况如数家珍。他谈起兵法、战略时，更是滔滔不绝，有着独到的见解。他引经据典、旁征博引，将古今中外的战争史实信手拈来，分析得头头是道。徐庶听得如痴如醉，心中越发觉得诸葛亮非比寻常。

两人一谈便是数个时辰，从天下大势谈到人生理想，从兵法战略谈到治国理念。他们志同道合，相见恨晚。徐庶不禁感叹："吾尝闻天下有卧龙、凤雏之名，今见孔明之才智，方知卧龙之名非虚传也！"此语正合史料中司马徽对诸葛亮的评价："儒生俗士，岂识时务？识时务者在乎俊杰。此间自有伏龙、凤雏。"

诸葛亮闻言，谦逊地笑道："元直过誉了。吾虽不才，但愿以所学为天下苍生谋福祉。"

两人相视一笑，心中都充满了对彼此的敬佩和赏识。从此，徐庶与诸葛亮结下了深厚的友谊，成为彼此生命中的挚友。

随着时间的推移，徐庶与诸葛亮成了莫逆之交。他们经常在一起探讨天下大事，分析时局变化。徐庶深知诸葛亮的才华不应被埋没，于是便在不久的未来，将他引荐给当时正在荆州招揽人才的刘备。在徐庶的引荐下，刘备亲自前往拜访诸葛亮。这便是历史上著名的"三顾茅庐"故事的开端。

第二章

智引天下：三顾茅庐定乾坤

智星闪耀，定国运；茅庐三顾，乾坤转。诸葛亮，一代智谋化身，隐于山林，志在青云。刘备诚意相邀，卧龙终展翅，一场智与志的交会，奠定蜀汉江山。草庐策对，天下棋局已了然；羽扇轻摇，三国风云起波澜。智引天下，自此始矣。

刘备落魄，徐庶献宝说卧龙

刘备，字玄德，汉室宗亲之后，虽贵为皇叔，却生不逢时。黄巾之乱如狂风骤雨般席卷天下，他奋而提兵自保，几经沉浮，终在乱世之中占据一席之地。然而，时运不济，命运多舛，在争霸天下的道路上，他屡遭挫折。徐州失守的痛楚尚未消散，他又不得不寄人篱下，投奔荆州刘表。英雄无用武之地，壮志难酬。每当夜深人静时，月光如水洒满新野城头，他常独自一人登上那斑驳的城楼，遥望星空，眼中闪烁着不甘与迷茫。

城楼下的街道静谧而深邃，偶尔传来一两声夜行鸟的啼叫，更添几分孤寂。微风拂过，带来一丝丝凉意。刘备的长发随风飘动，他紧了紧衣襟，目光穿过层层云雾，似乎在寻找着那遥不可及的未来。身边虽有关羽、张飞等猛将相随，如两块坚不可摧的磐石，但缺乏能够运筹帷幄、决胜千里的智谋之士，是刘备心中最大的痛。

正当刘备陷入迷茫，仿佛置身于茫茫雾海之中时，一个人如同一盏明灯，为他指明了方向。这个人便是徐庶。徐庶自幼聪颖过人，精通兵法、策略。他因避乱而流落江湖，后听闻刘备仁德之名，特来投奔。刘备见到徐庶，如获至宝，顿觉前途一片光明，眼中闪烁着久违的希望之光。

然而，好景不长，命运似乎总爱与刘备开玩笑。曹操得知徐庶之才，便以其母为要挟，迫使徐庶离开。那日，徐庶面色凝重，眼中满是无奈与不舍。他向刘备深深一躬，说道："诸葛孔明者，卧龙也。将军岂愿见之乎？"

刘备闻言，心中一震，眼中闪过一丝惊异，忙问道："此人比先生才德如何？"

徐庶抬起头，目光坚定，缓缓道："要拿我跟他比，那简直就像是把一匹普通的马和神兽麒麟放一起，或者是把一只普通乌鸦和凤凰相提并论。他总喜欢把自己和古代的管仲、乐毅相比，但说实话，我看管仲、乐毅也未必比得上他。这个人的才华太出众了，简直可以说天下无双！"言罢，徐庶转身离去，留下刘备一人站在原地，心中激动不已。

刘备望着徐庶远去的背影，心中五味杂陈。他深知徐庶之才已属难得，而诸葛亮竟能让徐庶推崇备至，其才华必然更加出众。想到此处，刘备的眼中闪烁着炽热的光芒，他对诸葛亮的期待如同干涸之地盼甘霖，迫切地想要见到这位传说中的卧龙先生。

于是，刘备决定亲自前往隆中拜访诸葛亮。他带着关羽、张飞二人，踏上了前往隆中的道路。山路蜿蜒曲折，两旁绿树成荫，花香扑鼻，但刘备却无暇欣赏这美景。他骑着马，眉头紧锁，眼中闪烁着坚定与期待。关羽、张飞紧随其后，二人神色各异。关羽沉稳如山，张飞则显得有些不耐烦，不时嘟囔几句。

刘备心中忐忑不安，他不知道这次拜访能否成功，也不知道诸葛亮是否会愿意出山相助。但无论如何，他都要尽力一试。他暗暗告诉自己，这或许是他改变命运的重要契机，是他实现宏图大业的关键一步。想着想着，刘备不禁快马加鞭，向着隆中疾驰而去。

三顾茅庐，刘备成了“敲门砖”

自从徐庶向刘备推荐卧龙岗上的智者诸葛亮，称其有经天纬地之才，刘备便心生仰慕，决定亲往拜访。他深知，若能得诸葛亮相助，大业必成。

第一次拜访，刘备带着关羽、张飞两位兄弟，满怀诚意地踏上了前往卧龙岗的道路。刘备一行三人，沿着蜿蜒的小径，一路打听，终于来到了诸葛亮的茅庐前。那茅庐虽不华丽，却透着一股超凡脱俗的气息。然而，他们轻轻叩响柴门时，却得知诸葛亮已外出游历，不知何时归来。刘备心中虽有遗憾，但并未因此气馁，反而留下名帖，笔迹遒劲有力，表达了自己对诸葛亮的仰慕之情，以及渴望相见的意愿。

数日之后，刘备再次踏上了前往卧龙岗的征程。这一次，他特意选了一个风和日丽的日子，天空湛蓝如洗，阳光洒满大地，希望能在更好的氛围下与诸葛亮会面。然而，命运似乎总爱与他开玩笑。他们再次来到茅庐前时，却被告知诸葛亮正与友人外出闲游，归期未定。刘备心中虽有些失落，但更多的是对诸葛亮超脱世俗的敬佩。他望着那紧闭的柴门，仿佛能看到诸葛亮在山林间悠然自得的身影。

两次未能见到诸葛亮，关羽、张飞心中难免有些不悦。张飞更是直性子，忍不住抱怨道："大哥，这诸葛亮也太过傲慢，竟两次避而不见，何不另寻他贤？"

刘备却摇摇头，语重心长地说："二弟，三弟，你们不懂，真正的大贤之才岂是轻易能见？吾等求贤若渴，怎能因一点小挫便轻言放弃？"

关羽闻言，也点头称是，眼中闪烁着对刘备的敬佩之光。

时间如白驹过隙，转眼间已是隆冬时节。卧龙岗上银装素裹，分外妖娆。刘备心中对诸葛亮的惦念非但未减，反而愈发强烈。他深知，若再不相见，恐怕就要错过这位难得的贤才。于是，他决定再次亲赴卧龙岗，无论如何也要见到诸葛亮。

这一次，刘备没有带关羽、张飞，而是独自一人带着一颗诚挚的心，踏上了前往卧龙岗的路。冬日的寒风吹过，他紧了紧衣襟，踏着厚厚的积雪，一步一步地走向诸葛亮的茅庐。他第三次站在那扇熟悉的柴门前时，心中既有期待也有忐忑。他轻轻地叩响了门环，心中默念着："孔明先生，刘某此番前来，诚心诚意，愿与君共谋大业，望先生赐见。"

或许是刘备的诚意感动了天地，或许是命运终于垂青于这位不屈不挠的英雄，刘备叩响门环不久，柴门便缓缓打开，一位童子出现在眼前。那童子眉清目秀，眼中闪烁着聪慧之光。刘备见状，连忙施礼问道："童子，请问孔明先生可在家否？"童子闻言，恭敬地回道："先生正在屋内休息，请将军稍候。"

刘备闻言，心中大喜，连忙整理衣衫，跟随童子走进茅庐。只见屋内简陋却整洁，一桌一椅，一琴一书，尽显主人的高雅情操。

过了许久，诸葛亮从里屋走了出来，看向刘备。那一刻，两人的目光在空中交会，仿佛有千言万语在无声中传递。诸葛亮微微一笑，那笑容温暖如春日阳光，轻声说道："刘将军大驾光临，孔明有失远迎，还望将军恕罪。"

刘备闻言，连忙施礼道："孔明先生言重了，刘某久闻先生大名，如雷贯耳，今日得见真颜，实乃三生有幸。刘某此来，特请先生出山相助，共谋大业。"

诸葛亮沉默片刻后，渐渐浮现出一丝笑意，仿佛已对刘备的来意及心中的抱负有了全然的洞悉。他轻轻点了点头，说道："刘将军诚意可嘉，孔明岂敢不从。愿与将军共谋天下大事，同绘霸业蓝图。"

刘备闻言，心中大喜过望。他知道，自己终于敲开了这扇通往智慧与胜利的大门。于是，两人相携入内，围炉而坐，一场关乎天下大势的"隆中对"即将拉开序幕……

隆中对饮，天下大势尽在掌握

冬日的卧龙岗寒风凛冽，枯枝摇曳，仿佛整个世界都被霜雪覆盖。然而，在这荒凉之地，诸葛亮那间简陋却充满智慧的茅庐却如同一盏明灯，散发着温暖和光明。刘备历经三次诚挚的拜访后，终于见到了诸葛亮。

茅庐内炉火正旺，木柴在炉中噼啪作响，散发出阵阵暖意。诸葛亮坐在案旁，身着青衫，头戴纶巾，面容清癯，眼神中透露出一种超凡脱俗的智慧。他轻声说道："刘将军，请坐。"同时，他指了指案旁的座席。刘备连忙施礼，感激地坐下，只觉得这简陋的座席此刻却比任何华贵的宝座都要舒适。

童子随即奉上两杯热茶，茶香袅袅，如丝如缕，弥漫在整个茅庐之中。那茶香与炉火的暖气交织在一起，为这场历史性的会谈增添了几分诗意和温馨。刘备端起茶杯，轻抿一口，只觉茶香醇厚，回味无穷，仿佛能驱散他心中的所有忧愁和疲惫。

“刘将军，今日前来，想必是为了天下大势吧。”诸葛亮开门见山，直接点明了刘备的来意。他的声音虽然轻柔，却带着一种不容置疑的坚定和自信。

刘备闻言，心中一惊，随即对诸葛亮的洞察力佩服得五体投地。他点了点头，诚恳地说道：“先生所言极是。刘某虽有心兴复汉室，却苦于势单力薄，无从下手。今日特来请教先生，望先生不吝赐教。”

诸葛亮微微一笑，那笑容中透露出一种淡然和从容。他说道：“天下大势，合久必分，分久必合。此乃天道循环，非人力所能逆转。然而，在这分合之间，却有无数英雄豪杰崭露头角，成就一番霸业。刘将军乃仁德之君，又有关羽、张飞等勇将辅佐，何愁大事不成？”

刘备闻言，心中稍安，但眉宇间仍流露出一丝忧虑。他说道：“先生所言虽是，但刘某如今寄人篱下，兵微将寡，何以成大事？”他的声音中带着一丝无奈和迷茫。

诸葛亮轻轻摇了摇头，眼神中透露出一种鼓励和坚定。他说道：“刘将军莫要妄自菲薄。昔日高祖皇帝起兵反秦，亦是从一介布衣做起，最终成就大汉江山。将军只需顺应天时、地利、人和，何愁不能成就一番霸业？”

说着，诸葛亮站起身来，走到墙边，指着墙上挂着的地图。那地图虽然简陋，却清晰地标注着天下的山川河流、城池关隘。诸葛亮继续说道：“刘将军请看，如今天下三分，曹操据北方，孙权占江东，而将军则屯兵新野。此三地之中，曹操兵强马壮，势不可挡；孙权据江东天险，易守难攻；唯有将军之地，虽处中原腹地，却四战之地，危机四伏。”

刘备闻言，眉头紧锁，沉思片刻后问道：“先生所言极是。刘某亦知此地不宜久留，却不知该何去何从。”他的眼神中透露出一种迷茫和期待。

诸葛亮轻轻一笑，那笑容中充满了智慧和自信。他说道：“将军莫急。吾观天下大势，曹操虽强，却有其致命弱点。他欺压百姓，滥杀无辜，早已失去民心。而孙权虽据江东天险，却内部纷争不断，难以形成合力。将军若欲成大事，必先取荆州为根据地，再图益州以作后盾。如此，则天下三分已定，将军可徐图中原。”

刘备闻言，眼中闪过一丝光芒，那光芒中充满了希望和决心。他急切地问道：“先生之言，犹如醍醐灌顶，刘某愿闻其详。”

诸葛亮点了点头，继续详细阐述他的战略构想。他的手指在地图上划过，仿佛能穿越时空看到未来的战局。他说道：“荆州北据汉、沔，利尽南海，东连吴会，西通巴、蜀，此用武之国也。而其主刘表，昏庸无能，不能守业。将军若取荆州，则进可攻退可守，为成就霸业之基。益州险塞，沃野千里，天府之土，高祖因之以成帝业。将军若得益州，则粮草充足，兵源广进，何愁大事不成？”

刘备闻言，心中大喜，连声道：“先生之言，正合吾意。

然则，如何取之？”他的眼神中充满了期待和渴望。

诸葛亮说道：“将军莫急。荆州之地，刘表虽弱，却有蔡瑁、张允等辈辅佐，且荆州兵强马壮，不可轻取。将军需待机而动，或可联合东吴，共谋荆州。至于益州，其主刘璋暗弱，民心不附。将军可遣一上将领兵数万，径取益州。如此，则荆州、益州皆入将军之手，天下三分已定其二。”

刘备闻言，心中豁然开朗，仿佛看到了一条通往成功的光明大道。他起身拜谢道：“先生之言，犹如明灯照路。刘某愿依先生之计而行。”他的声音中充满了坚定和决心。

诸葛亮点了点头，又补充道：“然而，将军若欲成千秋伟业，还需外结好孙权，内修政理；西和诸戎，南抚夷越。如此，则天下有变，将军可命一上将将荆州之军以向宛、洛，将军身率益州之众出于秦川，则霸业可成，汉室可兴矣。”

刘备闻言，心中激动不已，仿佛看到了自己手捧传国玉玺、登基称帝的那一刻。他再次起身向诸葛亮行礼致谢，眼中闪烁着泪光。诸葛亮连忙扶起刘备，说道：“将军言重了。孔明愿为将军效犬马之劳，共谋大业。”

两人对饮畅谈，从天下大势谈到治国方略，从兵法战略谈到民生疾苦。他们的谈话时而激昂慷慨，时而低沉婉转。他们越谈越投机，仿佛找到了久违的知己。刘备被诸葛亮的才华和见识深深折服，心中暗自庆幸自己没有放弃这次拜访。他深知，这次隆中之对将是他人生中的转折点，也是他兴复汉室大业的起点。

第三章

蜀汉立国：诸葛亮智谋定江山

汉末风云激荡，天下英雄各据一方。蜀汉这个新生的政权，在诸葛亮的智谋布局下悄然崛起。荆州易帜为蜀汉立国奠定基础。随着刘备称帝，前路的挑战与机遇并存，诸葛亮又将如何以他的智慧与决断，引领蜀汉走向繁荣与稳定?

联吴抗曹，丞相以慧心妙舌一展外交风采

时值东汉末年，曹操挟天子以令诸侯，势力日益庞大。刘备虽有关羽、张飞等勇将，却屡战屡败，寄人篱下。在这风雨飘摇之际，卧龙诸葛亮以其无双之智，成为刘备帐下的军师。

彼时，曹操已一统北方，声势浩大，挥师南下，意图吞并刘备与孙权，一统天下。刘备当时势力较弱，被曹操一路追击，从樊城逃至夏口。而孙权则占据着江东地区，成为曹操南下的重要障碍。诸葛亮深知，曹操兵强马壮，若单凭刘备之力，难以与之抗衡。于是，他向刘备提出了一个大胆的战略——联合东吴，共同抵抗曹操。此计一出，刘备帐下众将虽有疑虑，但见诸葛亮成竹在胸，皆信服其言。

在孙吴的阵营里，有一场被后世赞誉为“合榻密对”的深远对话。这场对话的策划者，正是眼光独到、策略高超的鲁肃。

据《三国志·鲁肃传》的记载，那是在东汉献帝建安五年（200

年）的一天，年轻的孙权与鲁肃相对而坐，他们的座榻紧紧相邻，象征着紧密的关系。在这场对话中，他们深入探讨了如何使江东基业蓬勃发展的宏伟蓝图。

孙权带着满腔的热血与抱负，向鲁肃倾诉了自己的心声：“如今汉室如同风中残烛，四方战乱频仍。我继承了父兄留下的江东基业，渴望能像昔日的齐桓公、晋文公那样，成为扶助天子的霸主。鲁君，您既然愿意与我共商大计，那么有何高见能助我一臂之力呢？”

鲁肃听后，毫不犹豫地直抒己见，他的言辞中充满了智慧与远见：“想当初，汉高祖刘邦一心想要尊奉义帝，却因项羽的阻挠而未能如愿。如今的曹操就如同当年的项羽，掌控着天子，权势滔天。将军您想要成为齐桓公、晋文公那样的霸主，谈何容易？依我之见，汉朝的复兴已是遥遥无期，而曹操的势力也非一朝一夕可以铲除。因此，为将军您着想，我们应该立足江东，静观天下大势的变化，伺机而动。北方现在战乱连连，正是我们乘虚而入的好时机。我们可以借此机会向西进军，消灭黄祖，进而讨伐荆州的刘表，将长江流域尽收囊中。届时，我们再称帝建国，号令天下，这不正是汉高祖当年的霸业吗？”

鲁肃这番高瞻远瞩的战略规划，不仅深深打动了孙权，更成为孙吴政权日后崛起壮大的重要指导方针，其影响之深远不言而喻。

而在曹魏的阵营中，同样有一位杰出的战略家为曹操出谋划策，他就是毛玠。据《三国志·毛玠传》的记载，在东汉献帝初平三年（192 年），曹操成功占据兖州，自封兖州牧，从此拥有了自己的根据地。然而，当时的曹操在北方群雄中并不显眼，他的实力尚属于中等偏上，与实力雄厚的袁绍相比仍显逊色。在这样的背景下，曹操虚心向毛玠求教如何在这乱世之中立足并发展壮大。

毛玠经过深思熟虑后，向曹操提出了自己的建议："如今天下大乱，国主流离失所，百姓生活困苦，公家缺乏足够的储备，人心惶惶不安。在这种艰难的环境下，想要长久维持现状几乎是不可能的。袁绍和刘表虽然拥有强大的兵力，但他们缺乏长远的规划，没有夯实基础、建立根本的意识。因此，将军您应该抓住时机奉迎天子，以号令天下不服从的诸侯，同时大力发展农业，生产积蓄军用物资，这样一来，您就可以成就霸王的伟业了。"

正是这三大战略方针的巧妙布局，共同铸就了一个波澜壮阔、三国鼎立的历史篇章。

对于蜀汉阵营来说，"联吴抗曹"乃赤壁之战这场历史大戏的序幕。而对于诸葛亮来说，这也是他登上历史大舞台之后，在外交场合的第一次正式亮相。经过一番深思熟虑，诸葛亮将自己的游说策略分为两个步骤：第一步，借曹操之威，激孙权之志；第二步：以刘备之诚，坚孙权之决。

时值寒冬，江面寒风凛冽，波涛汹涌。诸葛亮身披鹤氅，手持羽扇，毅然踏上了前往东吴的航程。船行至江东，诸葛亮一行受到了东吴大臣的接待。然而，孙权却并未立即召见，显然是在试探诸葛亮的诚意与智慧。

诸葛亮并不急躁，他深知孙权心中之虑。于是，他先行拜访了东吴的重臣鲁肃。鲁肃府邸内炉火正旺，暖意融融。鲁肃与诸葛亮一见如故，两人围炉而坐，共商天下大事。鲁肃对诸葛亮的联吴抗曹之计大为赞同，眼中闪烁着兴奋的光芒，表示愿在孙权面前力荐。

数日之后，孙权终于召见了诸葛亮。殿堂之上，孙权端坐龙椅，两旁文武列座，气势威严。诸葛亮却不卑不亢，从容步入大殿，向孙权行了一礼。他抬头望去，只见孙权面容英俊，眼神中透露出一股英气，但眉宇间也隐藏着几分忧虑。

孙权审视着诸葛亮，心中暗自思量：此人便是那传说中的卧龙先生？看他气度不凡，想必有真才实学。于是，孙权开口问道："先生远道而来，不知有何见教？"

诸葛亮微微一笑，道："亮闻江东多才俊，更是英雄辈出。今曹操兵强马壮，意图吞并江东，亮特来此，愿与江东共谋破曹之计。"

孙权闻言，心中一动，却故作迟疑道："曹操兵多将广，我军恐难以抵挡。先生有何良策？"

诸葛亮早有准备，他缓缓道："曹操虽强，然其远道而来，兵疲马倦。且曹军为北方之人，不习水战。江东水军精锐，若能与我主公联军，共击曹操，必能大破曹军。”

孙权听后沉默片刻，眉头紧锁，显然在权衡利弊。他缓缓说道：“先生之言虽有理，然江东基业，孤岂能轻易付诸一搏？”

诸葛亮见孙权心有顾虑，便进一步说道：“亮闻江东有句谚语：‘宁为鸡口，无为牛后。’若江东降曹，至尊岂能再为江东之主？曹操必削弱江东势力，以绝后患。至尊乃英雄之辈，岂愿为人臣子？”

随后，诸葛亮以曹操的霸业野心为引，向孙权剖析利害：曹操若得天下，江东将永无宁日。同时，他强调刘备虽势弱，却心怀壮志，誓与曹操抗争到底。此言一出，如警钟长鸣，让孙权意识到投降非长久之计。

孙权闻言，勃然变色，眼中闪过一丝坚定，道：“先生此言，正合孤意。孤与曹操，势不两立！”

诸葛亮见孙权已下定决心，心中大喜，但面上仍保持着镇定。他进一步与孙权商讨联盟细节，两人越谈越投机。诸葛亮以其无双的智慧和辩才，终于说服了孙权，决定与刘备联合，共抗曹操。

几日后，诸葛亮与周瑜相见。周瑜年少英俊，才华横溢，但性傲气盛。他身着铠甲，手持长剑，站在江边威风凛凛。诸葛亮深知，若要联盟稳固，必须说服周瑜。

两人相见，周瑜先是一愣，随即冷笑道：“诸葛亮，你区区一介书生，有何能耐敢来江东献计？”

诸葛亮并不生气，他微笑着说道：“周瑜将军英勇善战，名震天下。但曹操兵强马壮，单靠江东之力难以抵挡。亮愿与将军共谋破曹之计，不知将军意下如何？”

周瑜闻言，眼中闪过一丝兴趣，道：“哦？你有何计策？”

诸葛亮缓缓开口，向周瑜阐述了一个大胆的计策：“周瑜将军，你看曹军的船只都连在一起，这是他们的优势，但也是我们的机会。我们可以利用火攻，一旦火起，他们的船只相连，火势必然迅速蔓延。”

周瑜听后，眼中闪过一丝光芒，他急切地问道：“如何实施？”

诸葛亮详细解释道：“我们可准备些易燃之物，如干草、硫黄等，放在小船上。然后，挑选一些勇敢的士兵，趁夜色接近曹军的船只，点燃火船，让其冲入曹军船阵。”

周瑜听后大喜过望，他拍了拍诸葛亮的肩膀，赞叹道：“先生真乃神人也！此计若成，曹军必败无疑！”

诸葛亮谦逊笑道：“亮不过一介书生，幸得至尊与周瑜将军信任。天下未定，亮愿与江东共谋大计，以安天下。”

此时，诸葛亮心中充满了豪情壮志。他望着眼前的江东美景，心中暗暗发誓：定要助刘备成就霸业，让天下百姓安居乐业。

赤壁之战，一阵“东风”刮来的传奇

建安十三年（208 年），曹操挥师，如狂风扫落叶般势不可挡，意图一统中原。荆州刘表新丧，其子刘琮望风而降，曹操遂轻取荆州，兵锋直指江东孙权。江东上下，人心惶惶，战降之议，如潮水般纷至沓来。在这生死存亡的紧要关头，孙权与刘备毅然选择结盟，共举抗曹大旗。

此时的诸葛亮深知，仅凭刘备现有的力量，难以单独抵御曹操的强大军势。因此，他向刘备提出了与孙权结盟的策略，并自告奋勇，亲自前往江东游说。前文已提及，诸葛亮在江东以超凡的辩才和深邃的战略眼光，向孙权分析了天下形势，阐述了联刘抗曹的必要性。他的言辞恳切，逻辑严密，最终成功地说服了孙权，促成了孙、刘联盟的形成。

联盟形成后，诸葛亮并未停歇，而是转身投入到后方管理和内政建设中。他整顿军备，筹措粮草，确保前线将士的物资供应；他选拔人才，任用贤能，时刻关注战争动向，为蜀国与盟国提供应战策略；他还关注民生，减轻赋税，赢得了百姓的拥护和支持。诸葛亮做这些，如同为吴国前线将士提供了坚实的后盾，让他们能够无后顾之忧地奋战沙场。

赤壁这个位于今湖北省赤壁市西北的长江之畔的古老战场，成为吴、曹两军对峙的焦点。曹操率军，战船如林，顺江而下，气势如虹，似乎无人能挡其锋锐。而孙权则命周瑜、程普为左督、右督，鲁肃为赞军校尉，率领精兵三万，沿江而上至夏口，与屯驻樊口的刘备军会合。两军合兵一处，溯长江西进，与曹军在赤壁相遇。一场决定天下格局的大战即将拉开序幕。

江边，吴国营帐密布，旌旗飘扬。吴国的周瑜与黄盖在营帐中密谋破敌之策。黄盖沉吟片刻，缓缓说道："曹操军队虽实力雄厚，但士卒多染疾病，战斗力大打折扣。且曹操素来骄傲轻敌，我等并非没有以少胜多的机会。"

随后黄盖提出了一个以火攻之策诈降的计划："都督，我们可命人准备十艘小战船，船上装满干荻枯柴，浇上油膏，用帷幕遮盖，插上牙旗，伪装成投降的船只。当这些船只接近曹军时，再突然点火，借助东风之势，将火船直冲入曹军船群。到那时，火势将如燎原之火迅速蔓延，首尾相连的曹军战船必定无法躲避！"

周瑜闻言，眼中闪过一丝光芒。他沉思着，脑海中不断浮现出黄盖所描述的计谋细节。他缓缓说道："不错，那日诸葛孔明也曾与我谈起以火攻击敌军战船的战法。此策虽好，只是这风……若无东风相助，火攻之计难以施展。”

黄盖信心满满地说道：“都督放心，我观天象，近日必有东风。且我等已做好万全准备，只待风起时，便是曹军灭亡之日。”

终于，决战之日到来。江面上，战船密布，旌旗猎猎作响。当诈降的吴国船只离曹营仅二里之处时，各船一齐点火。刹那间，火光冲天，照亮了整个江面。就在这时，一阵东风适时刮来，如同天助一般。火势借着风势迅速蔓延，曹军的战船被熊熊烈火吞噬，延及岸上曹营，伤亡惨重。曹操见状大惊失色，下令将剩余的曹军舟船都予以烧毁，然后仓皇撤退。又因为士卒饥疫交加，死伤大半，曹军的士气低落到了极点。

在这场战役中，孙权、刘备在强敌进逼关头结盟对敌，扬水战之长，巧用火攻之策。江面上，火光与战船的残骸交织在一起，形成了一幅惨烈的画面。士兵们的呐喊声、战鼓的轰鸣声及战船的燃烧声交织在一起，构成了一首悲壮的战歌。

尽管《三国演义》描绘了诸葛亮在赤壁之战中重要的指挥角色，如“借东风”和“草船借箭”等故事，但这些均为罗贯中为了神化诸葛亮而创作的虚构情节。实际上，在赤壁之战中，诸葛亮本人并未直接参与战争。

在赤壁之战前，诸葛亮的主要贡献体现在外交方面。他向刘备提出了与孙权结盟的策略，并亲自前往江东。在江东，他以卓越的辩才和深邃的战略眼光，成功地说服了孙权，促成了孙、刘联盟的形成。在联盟形成后，诸葛亮便转身投入到后方管理和内政建设中。尽管如此，诸葛亮的贡献和智慧仍如同那阵适时的东风一般，为赤壁之战的胜利注入了强大的动力。因而他的名字将永远铭刻在历史的丰碑上，成为后人敬仰的楷模。

荆州入手，蜀汉的基石稳稳打下

赤壁烽火已熄，江面犹笼轻纱之烟，晨曦微露，波光粼粼，仿佛是大自然为这惊世骇俗之战拉上的序幕。

蜀国朝堂上，刘备眉头紧锁，眼中闪烁着对未来的渴望与忧虑。他轻抚着长髯，心中暗自思量："荆州之地，我梦寐以求，然此非易得之果。"

诸葛亮站在他身旁，羽扇轻挥，眼神中透露出深邃的智慧和坚定的决心。他深知荆州乃兵家必争之地，水陆交汇，物阜民丰，是成就王霸之业的绝佳舞台。于是，他轻声对刘备说道："主公勿忧，亮已有计。取荆州，必先瓦解士族之抵抗。亮将亲赴前线，舌战群儒，游说于荆州士族间。"

数日之后，诸葛亮身着青衫，踏上了前往荆州的路途。此次与荆州士族的会面设在荆州城内的一座士族府邸之中。府邸内烛火摇曳，士族们或坐或立，议论纷纷，气氛紧张而凝重。

诸葛亮站在士族们面前，言辞恳切，声音洪亮而富有感染力：“诸位贤达，曹操虽败，然北方兵强马壮，若荆州不归我家主公，必再遭战火荼毒。我家主公乃汉室之后，仁德之名播于四海。归附我家主公，可保荆州百姓安居乐业，共谋大业，复兴汉室。”

一士族起身质疑，面容冷峻地问道：“诸葛亮先生，刘备虽有仁德之名，然其野心勃勃，岂会真心为荆州百姓着想？”

诸葛亮从容不迫，微笑道：“先生此言差矣。我家主公一生以仁德为先，从未有过欺压百姓之举。且看我家主公在过往之战中，何曾滥杀无辜？何曾掠夺民财？荆州之地，若得我家主公治理，必能百业兴旺，百姓安居。诸位何不深思熟虑，为荆州百姓谋一条生路？”

说着，诸葛亮目光扫过在场的每一位士族，他的眼神中充满了真诚和期待。士族们被他的话语打动，开始交头接耳，议论纷纷。

经过一番激烈的辩论，荆州士族渐渐动摇。他们意识到，与刘备携手，或许真是这乱世中的最佳抉择。终于，在诸葛亮的精心策划下，刘备成功入驻荆州。

入驻荆州后，诸葛亮并未懈怠。他深知欲稳固刘备之地位，必削弱蔡瑁等人之势力。蔡瑁为荆州名门蔡氏之后，家族势力庞大。他身材魁梧，面容威严，得知刘备入驻荆州，心中不满，却也知诸葛亮智谋过人，不敢轻举妄动。

一日，诸葛亮召见蔡瑁。书房内，诸葛亮端坐案前，面带微笑问道：“蔡将军，如今荆州已归我家主公，将军何不归顺，共谋大业？”

蔡瑁冷哼一声，双手抱胸说：“诸葛亮，你休要劝我。我蔡家世代在荆州为官，岂会轻易归顺他人？”

诸葛亮从容道：“蔡将军此言差矣。我家主公乃汉室之后，仁德之名天下皆知。将军归顺我家主公，不仅可保家族安宁，更可为荆州百姓谋福祉。何乐而不为呢？”

蔡瑁沉默片刻，眼神中闪过一丝犹豫，但终是未置可否。诸葛亮心知，欲削蔡瑁之势，还需从长计议。

于是，诸葛亮开始施展智谋。他借刘备之仁德，广纳荆州贤才。在他的招揽下，许多有识之士纷纷投奔刘备，壮大了刘备的力量。同时，他巧借荆州内部的矛盾，分化瓦解蔡瑁的势力。

诸葛亮逐渐发现，蔡瑁等人虽然势力庞大，但并非铁板一块。于是他便暗中进行挑拨，使得蔡瑁等人之间产生了裂痕。此外，他还计划采取明升暗降的策略，逐步削弱蔡瑁的权力。果然，在诸葛亮的巧妙谋划下，蔡瑁等人虽仍具家族影响力，但已无法对刘备的统治构成威胁。

刘备得知此事后，大喜过望。他快步走进诸葛亮的书房，脸上洋溢着喜悦之色：“军师真是神机妙算！如今荆州已稳，我蜀汉之基已牢牢奠定。”

诸葛亮谦逊地笑了笑，眼神中透露出坚定和自信，说道：

“主公过奖了。此乃主公之仁德所致，亮不过略尽绵薄之力罢了。”

在诸葛亮的辅佐下，荆州成为蜀汉的重要之地。

走在荆州的繁华街市上，诸葛亮望着那熙熙攘攘的人群、琳琅满目的商品和安居乐业的百姓，心中涌起一股使命感。他深知责任重大，应时刻保持谦虚、谨慎之态。他的衣衫随风飘动，仿佛一位超凡脱俗的仙人，为蜀汉之繁荣与百姓之福祉竭心尽力。

初得益州，先稳定经济是第一要义

建安十七年（212 年）十二月，刘备与刘璋决裂，并发动战争。刘备一直向成都逼近，诸葛亮、张飞和赵云亦入蜀助战，但刘备的军队在雒城受阻一年。直至建安十九年（214 年）五月，刘备围困成都，刘璋惧城被毁，于是开门出降。

历经艰辛终于夺取益州之后，刘备深知要巩固这片新得的领地，首要之务便是稳定经济，恢复市场秩序。益州这片物产丰饶之地，却因连年战乱和管理不善，市场乱象丛生，百姓生活困苦。刘备深知，只有经济稳定，百姓安居乐业，益州才能真正成为他争霸天下的坚实后盾。于是，他决定召集诸葛亮和刘巴等智谋之士，共商稳定益州经济之大计。

这日，刘备召见诸葛亮、刘巴等人商议政事。刘备眉头紧锁，言道："益州市场混乱，物价飞涨，百姓生活困苦，长此以往，国将不国。二位有何良策？"

刘巴闻言，起身奏道：“主公，当铸直百钱，以平诸物之价，令吏主官市之事。如此，可稍缓市场之乱。”

诸葛亮闻之，点头赞同，并补充道：“直百钱之铸，实乃权宜之计，然仅止于此，恐难达长治久安之效。市场供需之平衡，亦需得法调控。”

刘备闻诸葛亮之言，知其言语之中有未尽之意，便问道：“孔明有何高见？”

诸葛亮又道：“臣以为，当行均输之法。此均输之法非臣原创，实乃西汉时期桑弘羊提出并实施的经济政策，旨在通过合理调配物资，实现市场供需平衡，稳定物价。今日臣欲借此法，以解益州市场之困局。”

刘备闻之，眼前一亮，急问道：“均输之法，何以行之？”

诸葛亮答道：“首先，需遣官员深入益州各地，细察粮食、布帛、盐铁等物资之产量与分布。此等翔实数据，为后续调控之基石。其次，当设专门机构，司物资采购、储存、分配之事，确保物资能依官府之意，合理调配。如此，则市场之乱象可望渐消。”

刘备闻之，大喜，即命诸葛亮与刘巴共同负责此事。

于是，诸葛亮派遣官员，分赴益州各地，详查物资状况。官员们深入田间地头，走访商户百姓，仔细记录粮食、布帛、盐铁等物资的产量与流向。数日之后，详尽数据呈于诸葛亮案前。

诸葛亮审视着数据，心中已有计较。他随即召集官员，宣布均输之法将正式实施。他言道："均输之法，源自西汉桑弘羊之智慧，今吾等将其运用于益州，乃为百姓谋福祉之举。吾等当尽心竭力，确保此法得以顺利推行。"

官员们闻之，皆齐声应诺，表示将竭尽全力执行诸葛亮的命令。

均输之法在诸葛亮的推动下，于益州得以实施。此后，益州市场渐趋繁荣，物资有序流转，供需失衡之弊得以消除。百姓们见物价平稳，生活安定，皆对诸葛亮赞不绝口。

刘备听闻益州市场的乱象已然得到整治，心中甚是欢喜。他将诸葛亮召来，笑颜展露，赞道："孔明啊，你可真是治国理政的能臣，不仅善用前人智慧，更能将其灵活运用于当下。均输之法的施行，让益州的百姓们都过上了舒心的日子。"

诸葛亮听了，谦逊地回应："这都是主公您英明领导，加之众位同仁共同努力的成果。臣只是略尽绵薄之力，将均输之法引入益州，以解百姓之困。桑弘羊之智，实乃臣等学习之楷模。"

刘备听了，哈哈大笑，对诸葛亮的才华和谦逊更加钦佩了。

《蜀科》订立，让这个新兴势力步入正轨

建安十九年（214年），乃蜀汉历史上一个至关重要的转折点。是年，刘备历经艰辛，终击败刘璋，占据了西川之地，益州从此归入刘备版图。

益州入手，都城的街道上仍然弥漫着战火的烟尘。百姓们虽然脸上带着期待，但眼中也流露出对未来不确定性的担忧。在这个新生的国家里，一切都需重建，一切都需规范。

刘备站在城楼上远望这片亟待复兴的土地，深知得地易、治地难，一个国家的长治久安，离不开完善的法律制度。于是，他委重任于诸葛亮，令其主持制定新法。

这一日，刘备在益州牧府中召见了诸葛亮及法正、刘巴、李严、伊籍等一众贤才。府中厅堂宽敞、明亮，刘备坐在主位上，面色凝重地看着众人，缓缓开口道：“诸位，吾等历经千辛万苦，方得益州之地。然治地之难，远胜于得地。吾欲制定一部适合

益州之法，以稳固统治，不知诸位意下如何？”

诸葛亮闻言，立即起身拱手道：“主公之言，正合吾意。法治乃国之根本，若无严明之法，何以治民？吾愿领命，与诸位共商大计，制定新法。”

法正也站起身，朗声道：“法者，治之端也。吾愿助诸葛军师一臂之力，共同制定新法，以安益州之民心。”

刘巴、李严、伊籍等人也纷纷表示愿意参与新法制定。刘备见状，心中大喜，点头道：“有诸位在，吾何愁益州不治？诸葛军师，此事便由你主持，法正、刘巴、李严、伊籍等人为辅，务必尽快制定出严明之法。”

诸葛亮领命后，不敢有丝毫懈怠，当日便与法正、刘巴等人在府中商议制定新法之事。书房内，烛光摇曳，诸葛亮手持竹简，眉头紧锁，沉思片刻后，开口道：“诸位，新法之制定，需兼顾益州之实际情况与民心所向。吾以为，当以儒家之仁爱为本，法家之严明为纲，方能制定出既公正又合理的法律。”

法正点头赞同道：“军师之言甚是。吾以为，新法当严惩奸邪，保护良善，方能使民心安定，社会和谐。”

刘巴也插言道：“且新法需简明扼要，易于百姓理解。若法条烦琐复杂，百姓难以理解遵守，反而不利于法治之实施。”

诸葛亮闻言，点头称赞道：“刘巴之言有理。新法当简明易懂，方能深入人心。吾等当集思广益，共同商讨出最适合益州之法。”

在《三国志·蜀书·伊籍传》中记载，制定《蜀科》的人有五个，分别是诸葛亮、法正、刘巴、李严和伊籍。其中，诸葛亮、伊籍属于荆州集团（伊籍虽然祖籍不是荆州，却是在荆州被吸收进来的），法正、刘巴、李严是东州集团。从《蜀科》的制定来看，刘备统治时还是以资历较老的荆州集团和较为拥护刘备的东州集团人士为主。

在制定之前，诸葛亮还派遣得力助手前往各地调研。他们穿越山川河流，深入田间地头，与百姓亲切交谈，了解民情风俗，收集民间对法律的需求和意见。这些宝贵的第一手资料，为制定法律提供了重要参考。

诸葛亮借鉴了《秦律》《汉律》等前代法律的精华部分，同时结合蜀汉的实际情况进行了创新，确保新法既符合传统又适应时代的需求。

在严明赏罚方面，诸葛亮考虑到必须打破旧有的等级制度，确保法律面前人人平等，从而通过公正的赏罚机制来激励官员和士兵。他深知一个公正的社会必须建立在法律平等的基础之上，明确的赏罚制度对于提升军队和官府的效率、增强国家的战斗力至关重要，同时也是维护社会稳定不可或缺的一环。因此，他在新法中明确规定了赏罚的标准和程序，确保每一位平民都能在法律面前得到公正的待遇。

在限制豪强地主的非法行为方面，诸葛亮清楚地认识到这些豪强势力对平民利益的严重损害。他深知这些豪强地主凭借权势欺压百姓、肆意践踏法纪的行为已经严重阻碍了蜀汉的发展。因此，他通过法律手段来明确约束这些豪强地主，防止他们利用权势欺压普通百姓。这一举措旨在平衡社会阶级矛盾，减少内部冲突，为国家的和谐发展奠定基础。

同时，诸葛亮还非常重视农耕与民生问题。他明白农业作为国家的经济基础，其重要性不言而喻。因此，在《蜀科》中，他特别强调了通过法律来鼓励农业生产、保障农民利益的重要性。为了确保农民的利益得到切实保障，他在新法中规定了一系列保护农民权益的措施，如减轻农民的赋税负担、保障农民的土地使用权等。这些措施使得农民的生产积极性极大提高，农业生产也得到了快速的发展。

经过数月的努力，诸葛亮等人再次聚集在府中，对《蜀科》进行了最后的审议。诸葛亮手持《蜀科》竹简，逐条宣读，法正、刘巴等人仔细聆听，不时提出修改意见。经过一番讨论修改后，《蜀科》终于制成。

朝堂上，诸葛亮向刘备拱手道："主公，新法《蜀科》已制定完毕，请主公审阅。"

刘备接过《蜀科》，仔细翻阅了一遍，点头称赞道："好！此科条分明，奖惩有度，既体现了法治之精神，又兼顾了益州之实际情况。军师及诸位功不可没！"

《蜀科》实施后，益州风气为之一变。吏治清明，百姓安居，蜀汉政权因此得以稳固。史书记载："亮以科教严明，赏罚必信，无恶不惩，无善不显，至于吏不容奸，人怀自厉，道不拾遗，强不侵弱，风化肃然也。”

《蜀科》之风，虽严酷峻急，却以其公平性消弭了怨气。法律之剑不仅指向黎民百姓，更对一些豪强大户和蜀汉上层社会形成制约。从《三国志》对诸葛亮治蜀的评价中，我们能窥见其严格而公平的治国理念。诸葛亮的《出师表》中“陟罚臧否，不宜异同”的训诫，更是对蜀汉弱势群体的深切保护。

那么，《蜀科》的执行程度如何呢？在刘备时期，或许受刘备个人意志的影响，《蜀科》的执行尚未完善。如蜀汉将领黄权投降曹魏，执法人员欲收押其家眷，刘备却选择宽容。再如法正，虽私德有亏，擅杀毁伤己者数人，然受刘备偏爱，《蜀科》并未对其产生应有的效力。

刘备去世后，诸葛亮便执掌蜀汉大权。他极为重视法律，此时《蜀科》的执行力度达到了顶峰。“善无微而不赏，恶无纤而不贬。”诸葛亮依法治国，不徇私情，用法严格，在蜀汉民众中树立了崇高的威望。

遗憾的是，诸葛亮去世后，蜀汉法律再度疲弱。多次大赦天下，虽或许是基于国力衰弱、人心浮动的现实需要，但客观上却对蜀汉法律的公正性造成了破坏，影响了《蜀科》的执行。

无论怎样，在诸葛亮的精心设计与坚定推动下，《蜀科》的制定与实施，确实为蜀汉政权奠定了坚实的法治基石，使社会秩序得以恢复，国家逐步迈向稳定与繁荣。诸葛亮的智慧与决心，在蜀汉的立法过程中展现得淋漓尽致，不仅赢得了朝野的广泛赞誉，更为蜀汉的未来发展铺设了平坦的道路。

劝刘备称帝，蜀汉的旗帜从此高高飘扬

东汉末年，朝纲不振，天下群雄纷纷揭竿而起，意图在这乱世之中谋得一席之地。刘备这位以仁德著称的英雄，历经磨难，终于凭借自己的努力和众人的支持，在荆州、益州两地站稳了脚跟。然而，在这风云变幻的时局中，若要真正成就一番霸业，他还必须拥有一个正当的名分。

彼时，曹操已“挟天子以令诸侯”，汉献帝如同傀儡一般，任由其摆布。而孙权也在江东自立为王，与曹操分庭抗礼。刘备虽据有两州之地，但若不称帝，则在政治地位上显得矮人一截，难以与曹、孙两家抗衡。更重要的是，他需要一个机会来凝聚人心，号召天下英雄共谋大事。

在这关键时刻，诸葛亮站了出来。他深知刘备称帝对于蜀汉未来的重要性，于是审时度势，力劝刘备登基称帝。

那日，阳光透过稀疏的云层洒在成都的宫殿之上，显得格外

庄重而神圣。诸葛亮身着朝服，手持象笏，步伐稳健地走进宫中。今日之议，关乎蜀汉的未来，关乎天下的大势，不容有丝毫懈怠。

刘备坐在御座上，面容略显疲惫，眼神中却透露出坚定和期待。他看着诸葛亮走进来，微微一笑，道："丞相来得正好，孤正有事要与卿商议。"

诸葛亮行礼毕，道："臣亦有事要奏明主公。"

刘备闻言，眉头微皱，道："哦？丞相有何要事？且说来听听。"

诸葛亮沉吟片刻，道："主公，如今天下大乱，汉室倾颓，主公以仁德之名，兴复汉室，已据有荆、益二州，兵强马壮，民心归附。然名不正则言不顺，臣以为，主公应顺应天命，登基称帝，以正天下之名分。"

刘备听后，心中一动，但随即又摇了摇头，道："孤虽有心兴复汉室，但皇帝尚在，孤若称帝，岂非篡逆？"

诸葛亮闻言，摇了摇头，道："主公此言差矣。皇帝虽在，然已被曹操挟持，形同傀儡。天下之人皆知汉室已衰，曹操篡权之心，路人皆知。主公若称帝，乃顺应天命、兴复汉室之举，何谈篡逆？"

诸葛亮向刘备阐述了称帝的必要性和正当性，指出这是顺应天命、兴复汉室之举，并非篡逆之行。同时，他还详细分析了天下大势和曹、孙两家的动态，让刘备明白称帝是迫在眉睫之举。

刘备听后，依旧沉默了一会儿，说道："丞相之言，虽有道理，但孤仍觉心中不安。”

诸葛亮见状，知道刘备心中尚有顾虑，便进一步说道：“主公，如今天下大势已定，曹、孙两家已各自称王，主公若再不称帝，只怕难以号令天下，凝聚人心。况且，主公若称帝，便可名正言顺地讨伐曹贼，兴复汉室，此乃天下万民所望也。”

刘备听后心中豁然开朗，他看着诸葛亮，眼中闪烁着坚定的光芒，说道：“丞相之言，令孤茅塞顿开。孤愿顺应天命，登基称帝，以兴复汉室，拯救万民。”

诸葛亮闻言，心中大喜，道：“主公英明！臣愿为主公效犬马之劳，共谋天下大事。”

随后，诸葛亮便开始为刘备制订详细的称帝计划。他首先建议刘备昭告天下，阐述称帝的必要性和正当性，以争取天下万民的支持。同时，他还建议刘备加强内部治理，整顿吏治，选拔贤才，以稳固根基。此外，他还提出了一系列军事和政治策略，以应对可能的外部威胁。

在诸葛亮的精心筹划下，称帝仪式在成都城中隆重举行。那日，阳光明媚，万里无云。在宫殿之中，刘备身着龙袍，头戴皇冠，端坐在御座上，显得格外威严而庄重。诸葛亮等文武百官分立两旁，共同见证这一历史性的时刻。

礼官高喊：“吉时已到，请陛下登基！”刘备站起身来，缓缓走向祭台，向天地祖宗祭告。他声音洪亮，掷地有声，道：“孤今顺应天命，登基称帝，国号为汉，愿天佑我蜀汉，兴复汉室，拯救万民！”

祭告完毕，刘备回到御座，接受百官朝贺。诸葛亮等文武百官纷纷跪拜行礼，山呼万岁。那一刻，蜀汉的旗帜高高飘扬在成都城头，昭示着一个新的时代到来。

称帝之后，刘备更加信任诸葛亮，将国家大事几乎全部托付于他。诸葛亮也不负所托，尽心尽力地辅佐刘备治理国家。他推行仁政，减轻赋税，鼓励农耕，使得蜀汉国力日渐强盛。同时，他还加强军事训练，提高军队战斗力，为将来北伐中原做好了充分的准备。

此外，诸葛亮还注重外交关系的建立和维护。他派遣使者前往东吴，与孙权修好，共同抵御曹操的威胁。他还积极联络北方的反曹势力，争取他们的支持和配合。这些外交努力为蜀汉营造了一个相对有利的环境，使得蜀汉能够在夹缝中求得生存和发展。

在诸葛亮的辅佐下，蜀汉政权逐渐稳固下来，成为当时天下三足鼎立之一。它像一面旗帜一样高高飘扬，昭示着刘备和诸葛亮等人兴复汉室、拯救万民的坚定信念和不懈追求。而诸葛亮作为蜀汉的丞相和智囊，也以其非凡的智慧和才华，在蜀汉历史上留下了浓墨重彩的一笔。

第四章

刘备殒命，北伐中原的序曲正式奏响

刘备殒命，蜀汉悲痛。此时南中叛乱未平，北伐中原亟需军事、经济支持以及稳定内部。丞相诸葛亮挺身而出，于新帝刘禅麾下，誓续“复兴汉室”征程。于是，诸葛亮决心先安内忧，再图发展，北伐中原的序曲在风雨飘摇中正式奏响。

刘备壮志未酬，白帝城含泪托孤

蜀汉章武三年（223年），春意未浓，寒风凛冽，白帝城行宫永安宫内，烛光摇曳，气氛沉重。蜀汉的开国皇帝刘备躺在病榻上，面色蜡黄，眼神中透露出无尽的疲惫与不舍。他经历了半生的征战与辉煌，此刻却只能无奈地面对生命的终结，牵挂着未竟的兴复汉室大业溘然长逝。

刘备，字玄德，一生以仁义著称，志在恢复汉家天下。自黄巾之乱起，他白手起家，与关羽、张飞桃园结义，招募英豪，辗转多地，后得诸葛亮辅佐，于赤壁之战中联合东吴，大败曹操，历经无数艰难险阻，奠定了三国鼎立之基。然而，命运多舛，荆州之失，夷陵之败，让这位一代枭雄心力交瘁，壮志难酬。

此时的三国势力划分已渐趋明朗，但天下局势依然错综复杂。

曹魏占据中原腹地，地广人多，经济实力雄厚，兵强马壮，是三国中最为强大的一国。其疆域辽阔，北达幽燕，南抵江淮，西至关中，东濒大海。曹魏的农业、手工业、商业均十分发达，黄河中下游地区是其主要的农业区，粮食产量丰富，为曹魏提供了源源不断的战争资源和雄厚的经济实力。同时，曹魏还拥有强大的骑兵和步兵，战斗力极强，是蜀汉和东吴的强劲对手。

东吴则据有江东六郡八十一州，水乡泽国，物产丰饶，水军强大，善于水战。孙权继承父兄基业，稳固江东，与曹魏、蜀汉形成鼎足之势。东吴的丝绸、茶叶、瓷器等商品远销海外，海外贸易繁荣，为东吴带来了丰厚的财富。东吴的水军更是天下无双，拥有强大的战舰和训练有素的水兵，是保卫江东和进攻敌国的有力武器。

而蜀汉则偏居益州一隅，地狭人稀，资源相对匮乏。经过刘备多年的经营，蜀汉的农业、手工业虽然有了一定的发展，但与曹魏、东吴相比，仍然相差甚远。蜀汉的军队虽然勇猛善战，但数量有限，难以与曹魏、东吴的庞大军队相抗衡。蜀汉的疆域也相对较小，主要集中在四川盆地和汉中地区，地理环境相对封闭，交通不便，这也限制了蜀汉的发展空间。

永安宫内，刘备的呼吸越来越微弱，他的目光扫过周围的臣子，最终停留在了诸葛亮的身上。此时，诸葛亮正跪在床边，双手紧握刘备的手，眼中满是悲痛与坚定。

宫内的烛光摇曳不定，臣子们低头垂泪，无人敢出声打破这沉重的氛围。刘备的双眼渐渐变得模糊，他仿佛看到了自己年轻时的身影，那时他满怀壮志，誓要恢复汉家天下。然而，命运却如此弄人，让他在这条路上走得如此艰难。

刘备用尽最后的力气，声音微弱却充满深情地说："君才十倍曹丕，必能安国，终定大事。若嗣子可辅，辅之；如其不才，君可自取。"

诸葛亮闻言，心如刀绞，泪流满面。他深知刘备此言的分量，也明白自己肩负的责任。他跪倒在地，哽咽着说："臣敢竭股肱之力，效忠贞之节，继之以死！"

刘备听后，眼中闪过一丝欣慰，仿佛看到了蜀汉未来的希望。随后，他缓缓闭上了眼睛，溘然长逝。

刘备去世后，诸葛亮成为蜀汉的顶梁柱。他深知自己肩负的使命，也明白未来的道路将充满艰辛与挑战。但他毫无畏惧，因为他有着对刘备的承诺，有着对蜀汉的忠诚，更有着对兴复汉室的坚定信念。

永安宫外的风依旧凛冽。诸葛亮站起身来，他的眼中闪烁着坚定的光芒。他知道，从这一刻起，他将肩负起蜀汉的未来，为兴复汉室而奋斗终身。

他知道，从这一刻起，他不能轻易倒下。诸葛亮谨慎思索，为蜀汉的未来做着规划。此时，南中地区尚存叛乱，而北伐中原则需要强大的军事和经济支持以及稳定的内部环境。于是，诸葛亮决定在新皇帝刘禅的麾下，继续"复兴汉室"的征程。而要北伐中原，第一步便是平定南中。

收服孟获，南中平定传佳话

自建安二十六年（221 年）刘备称帝以来，诸葛亮便被委以丞相重任，总理国家大事。然而不久之后，刘备便溘然长逝。新君初立，内忧外患如潮水般涌来，北有曹魏虎视眈眈，其铁骑随时可能踏破边关；东有孙吴时或交恶，江面战舰隐隐对峙；而在南中地区，更是叛乱频仍，如同蜀汉后方的一颗毒瘤，时刻威胁着新政权。

南中那片广袤的土地，泛指今日的云南、贵州及四川西南部，重峦叠嶂，密林丛生，少数民族众多，部落林立。自刘璋时代起，这里便是难以征服之地。刘备入蜀后，虽费尽心力安抚，但根基未稳，叛乱之火时有燎原之势。

南中之乱，以孟获为首。孟获是个身材魁梧、面容粗犷的汉子，勇猛善战，在当地部落中颇有威望。他多次煽动叛乱，对抗蜀汉政权，仿佛一头桀骜不驯的野马。但即便对手如此难对付，诸葛亮还是以他谨慎的指挥赢得了首战。

建兴三年（225年）春，诸葛亮率大军自成都出发，直指南中。晨光微露，蜀军旗帜猎猎作响，诸葛亮立于阵前，目光深邃，心中却波澜起伏。此役不仅是对蜀汉军事力量的考验，更是对他治国理念的实践。他要以仁德治国，以智谋助刘禅定江山。

诸葛亮于战前对南中的地形、天时及孟获军之布局进行了周详的侦察与剖析。他深谙，南中之地山川交错、林木葱郁，且天时多变，此等自然条件既可成蜀军之绊，亦可为破敌之利刃。

在天时之上，诸葛亮择一对蜀军有利的时机，发兵攻袭。他察觉到，南中某地季候更迭，雨泽频仍，致使道路泥泞，行军维艰。诸葛亮却巧施妙计，利用此点，预判孟获军在如此天时下必行动迟缓，而蜀军则可凭精心规划的路线与装备，于山林间迅捷穿梭。于是，他选此良机，待孟获军受困于恶劣天时之际，蜀军犹如天兵降临，迅疾出击。

在地利之上，诸葛亮更是运用自如。他凭借南中的山地，布下重重伏兵。当孟获的先锋贸然进击时，蜀军伏兵突现，杀得先锋部队措手不及。孟获闻讯先锋败退，亲率大军迎战，却不料已落入诸葛亮的陷阱。蜀军利用山地之利，将孟获军引入一处狭窄山谷之中。在此谷地，孟获军无法展开阵势，而蜀军则可自高处俯冲而下，对敌施以猛烈攻击。

此外，诸葛亮还善用心理战术。他深知孟获乃勇猛善战之士，然亦骄傲自大。于是，诸葛亮战前故意散布谣言，称蜀军不堪一击。孟获闻后，愈发轻视蜀军。然而，孟获亲率大军迎战之时，却发现蜀军并非他所想象的羸弱，反而战力强悍。此等心理落差，令孟获军在战斗中丧失信心，终致败局。

孟获很快就迎来了第一次被擒。

在一片昏暗的营帐中，被俘的孟获紧闭双眼，仿佛已将自己交付给了命运。四周火把摇曳，映照着蜀汉将士们坚毅的脸庞，也映照出孟获脸上的绝望与不安。他等待着，等待着那仿佛不可避免的死亡降临。然而，他睁开眼时，却看到诸葛亮正端坐于案前，羽扇轻摇，面容平和，眼中没有丝毫杀意，反而透着一股难以言喻的儒雅与宽容。

孟获傲然而答："吾非不服，乃天不助我，若再战，必擒汝！"他的眼神中闪烁着不屈的光芒，仿佛一头被激怒的雄狮。

诸葛亮微微一笑，眼神中却透露出一种深邃的智慧和宽容。他当即释放孟获，令其整军再战。

孟获带着复杂的心情回到了他那略显萧瑟的营帐之中，心中如同翻涌的海浪，既对诸葛亮的宽宏感到一丝难以言喻的感激，又对自己连连败北燃起熊熊的愤恨之火。他紧握双拳，眼神中闪烁着不屈的光芒，决心要一雪前耻。在营帐内，他与部将们围坐一圈，地图上布满了密密麻麻的标记，那是他精心策划的复仇之计。

"此次，我们要利用这险峻的山川之地，给蜀军一个措手不及。”孟获的声音低沉而坚定，手指在地图上划过一条蜿蜒的山谷，“这里，两侧山崖陡峭，中间狭窄，正是设伏的绝佳之地。我们派小股部队引诱蜀军深入，待他们进入谷中，便前后夹击，让他们插翅难飞！”

部将们闻言，眼中闪过一丝兴奋，纷纷点头赞同。于是，孟获开始部署兵力，精选勇士隐藏于山谷两侧，又命一员智勇双全的将领率少量兵马作为诱饵，故意在蜀军面前示弱，引诱他们追击。

与此同时，在蜀军的大营中，诸葛亮正屹立于山巅，微风轻轻吹动他的衣袂。他手持羽扇，眼神深邃而睿智，远眺着孟获的营地。身旁的马岱面露忧色，轻声问道：“丞相，孟获此次似乎学聪明了，我们是否应该更加谨慎应对？”

诸葛亮淡然一笑，眼中闪烁着胸有成竹的光芒：“孟获此番虽有所准备，但终究难逃我八阵图之威。他欲以地形设伏，我便以阵法应对，让他再次领教蜀军的厉害。”随即，诸葛亮召来赵云、魏延等将领，秘密布置了作战计划。他决定再次运用八阵图的玄妙，让孟获尝尝被智谋击败的滋味。

次日，蜀军按照诸葛亮的计策，佯装被孟获的诱饵所吸引，一路追击深入山谷。孟获见状，心中暗自得意，以为诸葛亮终于中计，立即下令两侧伏兵准备出击。

然而，当蜀军完全进入山谷之时，孟获却发现情况有些不对劲。只见山谷中突然云雾缭绕，方向难辨，原来诸葛亮早已在此布下了八阵图。这八阵图布局巧妙，变幻无穷，并非简单的静态布局，而是一个动态变化的系统。

八阵图内石堆错落有致，仿佛天然的迷宫，加之云雾缭绕，使得孟获的兵马一进入阵中便迷失了方向。诸葛亮还巧妙地利用山谷中的回声和光影变化，增强阵内的诡异气氛，进一步干扰敌人的判断。孟获的兵马在阵中四处乱窜，有的被蜀军将士斩杀，有的被阵法中的机关所伤，还有的因迷失方向而自相残杀。

此时，八阵图的威力尽显无遗，不仅是一个单纯的步兵阵形，还融合了步兵、骑兵、弩兵和车兵等多种兵种。在战斗中，各兵种互相配合，发挥各自的特长。当孟获的骑兵冲锋时，车兵迅速组成防御工事，拦截马匹；弩兵则以战车为掩护，用诸葛连弩进行远程射击；待敌军气势受挫、阵脚大乱时，步兵再从后面杀出，进行近战。

孟获见状，大惊失色。他挥舞着手中的大刀，企图突围，但八阵图如同迷宫一般，他根本找不到出路。每当他以为已经找到了生门，却又突然陷入死门，被蜀军将士杀得狼狈不堪。

经过一番激战，孟获的部将纷纷被俘，他自己也在混乱中被赵云生擒。当孟获被押到诸葛亮面前时，他满脸沮丧，狼狈不堪，却又不失倔强地说："诸葛亮，我孟获服你用兵如神，这八阵图实在玄妙无比！你虽用八阵图擒我，我却仍不服这天意弄人！"

诸葛亮淡然一笑，羽扇轻摇：“孟获将军，兵法云‘知己知彼，百战不殆’，你虽勇武，却未能洞察全局。今日之败，非战之罪，乃智谋之差。你若真心归顺，我必以诚相待。”

诸葛亮依旧不杀他，二次释放，并告诫孟获：“真正的勇士应知天时地利，更需心怀仁义。”诸葛亮的话语如同春风化雨，让孟获的心中泛起了一丝涟漪。

接连两次失败，并未让孟获气馁。他深知，唯有战胜诸葛亮，方能在南中树立威信。于是，他联合南中各部，第三次挑战蜀军。

这一日，孟获营中传出一则消息，称有部将愿率部诈降，以里应外合，助蜀军破敌。这消息如春风一般，迅速传遍了蜀军营地，也飘进了诸葛亮的耳中。诸葛亮坐在营帐之内，手持羽扇，轻轻摇曳，眼中闪烁着深邃的光芒。他深知，孟获此人虽勇，但亦多诈，此等诈降之计，恐非真心。

于是，诸葛亮密令赵云、魏延等将暗中布置，准备将计就计。他亲自审问那名所谓的“降将”，言辞之间，既显宽容，又藏机锋。那“降将”言辞恳切，看似真心归顺，诸葛亮却从其眼神中捕捉到了一丝不易察觉的慌乱。

是夜，月色朦胧，南中的山林在夜色中显得更加神秘莫测。孟获按照约定，率大军悄悄逼近蜀军营地，准备打蜀军一个措手不及。然而，他们却不知，自己早已落入了诸葛亮的圈套。

当孟获大军逼近之时，蜀军营地突然灯火通明，战鼓擂动。赵云、魏延等将率兵从四面八方涌出，如潮水般向孟获军扑去。

孟获大惊失色，原以为里应外合，却不料中了蜀军的埋伏。他奋力拼杀，但蜀军士气高昂，战阵严整。孟获军渐渐不敌。

在混战中，诸葛亮身骑白马，手持羽扇，悠然自得地出现在孟获面前。孟获见状，心中一凛，知道此战已败。他怒吼一声，挥刀向诸葛亮砍去，却被蜀军将士团团围住。经过一番激战，孟获终被擒获。

第三次被擒后的孟获满脸愤懑与不甘。他瞪着诸葛亮，咬牙切齿地说道："诸葛亮，你虽用计擒我，但我孟获绝不屈服！"

诸葛亮微微一笑，道："孟获兄，我知你英勇善战，但南中之地，百姓渴望安宁。你若愿归顺，我必以礼相待；若不愿，我亦不勉强，只望你莫要再兴兵戈，让百姓受苦。"

孟获闻言，沉默片刻，心中虽有不甘，但对诸葛亮的智谋和胸襟不得不佩服。他深知，自己虽英勇，但在诸葛亮面前却如蚍蜉撼树。于是，他冷哼一声，道："诸葛亮，你且放我回去，待我整军再战！"

诸葛亮哈哈大笑，欣然应允。他深知，孟获之心虽傲，但亦非无义之人，只要以诚相待，终有化干戈为玉帛之日。于是，他命人松开孟获的绑绳，亲自送他出营。孟获回望蜀军营地，眼中闪过一丝复杂的神色，然后转身离去，心中却已种下了对诸葛亮的敬畏之种。

此后的日子里，孟获又四次挑战蜀军。每一次，他都拼尽全力，然而每一次都被诸葛亮以智取胜。每一次被擒获时，他都看到了诸葛亮那宽容而坚定的眼神；每一次被释放时，他都感受到了诸葛亮那博大而深沉的胸怀。

最后一次被擒时，孟获终于跪倒在诸葛亮面前，诚恳地说：“丞相天威，南人不复反矣！”他的眼神中充满了敬畏和感激，昔日的桀骜不驯已被深深的折服所取代。阳光透过稀疏的云层，洒在这片历经战火的土地上，为这庄严的一幕增添了几分温暖。

诸葛亮扶起孟获，他的双手稳健而有力，眼神中透露出一种慈祥和期待。他语重心长地说：“吾非欲擒汝，实欲服汝心。今汝既服，当共谋南中之安定，使百姓安居乐业。”诸葛亮的声音温和而坚定，每一个字都如同春风化雨，滋润着孟获的心田。

孟获闻言，泪水不禁夺眶而出，顺着他粗犷的脸庞滑落。他望着诸葛亮那坚定的眼神，心中涌起了一股前所未有的力量。那是一种被信任、被尊重的感觉，让他觉得自己不再是一个被征服的叛军首领，而是一个能够共同肩负南中未来的伙伴。

诸葛亮轻轻拍了拍孟获的肩膀，他的动作中充满了鼓励和肯定。孟获感受到那份温暖，心中涌起一股莫名的感动。他回想起自己曾经的顽固和愚昧，不禁羞愧难当。但此刻，他更感受到了一种新生的希望，一种为了南中和平、为了百姓福祉而奋斗的决心。

孟获深吸一口气，努力平复内心的波澜。他抬起头，目光坚定地望向诸葛亮，声音中带着一丝颤抖：“丞相，我孟获愿誓死效忠蜀汉，为南中和平贡献力量。请丞相相信我，给我一次改过自新的机会。”此刻，阳光洒满了整个战场，昔日的硝烟和战火仿佛已被这股温暖的力量所化解。孟获和诸葛亮并肩站立，他们的身影在阳光下被拉长，仿佛为南中的未来描绘出一幅美好的画卷。

诸葛亮平定南中后，并未采取高压政策。他站在南中的土地上，望着那片广袤而美丽的风景，心中充满了对未来的憧憬。他任命孟获等当地首领为官，管理各自的部落。同时，他推广中原文化，发展农业，改善民生。这一系列举措不仅巩固了蜀汉在南中的统治，也促进了南中与中原地区的文化交流。南中的大地逐渐焕发出了勃勃生机，百姓们安居乐业，欢声笑语回荡在田间地头。

南中治策，民族和睦之典范

诸葛亮平定南中之后，并未满足于军事上的胜利，而是深知要真正实现南中的长治久安，必须施行一系列深入民心的民族政策。

首先，诸葛亮尊重南中各民族的风俗习惯。南中风俗与中原迥异，若强行改变，只会激起更大的反抗。因此，他下令蜀军在南中驻扎期间，务必尊重当地的风俗，不得肆意破坏或干涉。

在南中蜀军的营帐中，烛光摇曳，诸葛亮正与孟获及几位手下围坐一圈，共商南中的治理大计。

诸葛亮手持羽扇，轻轻摇曳，眼眸中闪烁着智慧的光芒，说："孟获将军，南中风俗与我们中原大相径庭，我们若强行推行中原之俗，只会适得其反。我认为，蜀军应尊重并融入当地风俗，你意下如何？"

孟获闻言，点了点头，眼中闪过一丝敬意："丞相所言极是，南中各族风俗各异，强行改变只会引发不必要的纷争。我愿率领族人，与蜀军携手共守这片土地，让南中更加和谐、安宁。"

诸葛亮的一位手下忍不住插话道："可是，丞相，我们与南中百姓语言不通，如何才能有效交流呢？"

诸葛亮微微一笑，羽扇轻挥："这正是我要说的第二点。我们要大力推广中原文化，但并非强加于人，而是要通过文化交流，让南中百姓自愿接受。我们可以兴办学校，传授儒家经典、诗词歌赋，同时鼓励南中的青年才俊前往中原求学深造。"

孟获听后，眼中闪过一丝兴奋："丞相此计甚妙！南中子弟若能汲取中原文化的精髓，定能成为连接南中与中原的纽带。"

接着，诸葛亮话锋一转，谈到了经济发展："南中之地，物产丰饶，但经济尚待振兴。我们要大力推广先进的农业技术，鼓励百姓开垦荒地，耕种粮食。同时，要发展手工业和商业，让南中百姓过上富足、殷实的生活。"

孟获点头赞同："丞相所言极是，南中百姓若能安居乐业，定会更加拥护蜀汉政权。"

最后，诸葛亮提到了选拔贤才的重要性："孟获将军，南中之地人才济济，我要你帮忙甄选有才能的人士，委以重任。只有这样，南中才能长治久安，繁荣昌盛。"

孟获肃然起敬，起身行礼："丞相放心，我孟获定当竭尽全力，为蜀汉政权选拔栋梁之材。”

营帐中，一位手下轻声问道：“丞相，那我们如何确保这些政策能够顺利施行呢？”

诸葛亮沉思片刻，缓缓说道：“关键在于用心。我们要以包容之心对待南中百姓，以仁德之政治理南中之地。只要我们用心去做，就一定能够赢得南中百姓的信赖和支持。心诚则灵，政通人和。”

营帐中，烛光依旧摇曳，气氛更加融洽。诸葛亮、孟获及几位手下共同谋划着南中的未来，他们的心中都充满了对南中长治久安和民族和睦的期盼。

南中治策成功实施，不仅展现了诸葛亮卓越的政治智慧和治理才能，也为后世提供了宝贵的借鉴经验和启示。他的民族政策以包容之心、仁德之政为基石，以文化交流、经济发展为途径，以选拔贤才、培养青年才俊为关键，实现了南中地区的长治久安和民族和睦。正如《三国志》作者陈寿所言：“诸葛亮之为相国也，抚百姓，示仪轨，约官职，从权制，开诚心，布公道”，他的事迹将永远镌刻在历史的长河中，成为后世传颂的佳话。

第五章

北伐征途：诸葛亮壮志昭日月

怀揣着兴复汉室的宏伟壮志，诸葛亮踏上了北伐征途。每一次出征都寄托着他的壮志。武都、阴平的捷报，卤城的显赫战功，即便在五丈原上，诸葛亮壮志未酬身先死，但他的北伐之志仍如日月般明亮。这是一段智谋与失误交织的征程，也是一段永垂不朽的传奇。

北伐启幕，智谋与失误交织征程

自刘备驾崩，刘禅继位以来，蜀汉的军政大权便稳稳地落在了丞相诸葛亮的手中。刘禅这位年轻的皇帝，面对父亲留下的烂摊子，显得有些手足无措。他坐在龙椅上，双手不自觉地绞着衣角，眼神中透露出迷茫与不安。他深知自己缺乏政治经验和治国能力，因此，对诸葛亮几乎是言听计从，将所有政务都交给了这位智勇双全的丞相处理。此刻，诸葛亮肩负着先帝刘备的遗愿，虽然心中早已谋划好了一幅宏伟的蓝图——“北伐曹魏，兴复汉室”，但实际操作起来却感到力不从心。

一日朝会上，刘禅端坐于上首，静静地聆听着诸葛亮对国家未来战略的规划。

“陛下，先帝创业未半而中道崩殂，留下这蜀汉基业予我辈守护。然曹魏势大，东吴亦非善茬，我蜀汉若不奋发图强，必为他人所吞并。臣以为，当务之急，乃北伐曹魏，以图中原。”

诸葛亮的声音沉稳而有力，每一个字都掷地有声。

众臣闻言，议论纷纷。有人担忧国力不足，难以支撑长时间的战争，眉头紧锁，神色凝重；有人惧怕曹魏强大，难以取胜，双手颤抖，几乎要站不稳；更有人提出应先稳固内政，再图外扩，声音中带着几分急切和不安。

诸葛亮微微一笑，那笑容中透露出几分自信和从容，又说："诸位所言，皆有道理。然则我蜀汉地狭人稀，资源有限，若不行险一搏，何以图存？曹魏虽强，然其内部矛盾重重，且新主曹丕登基不久，政权未稳。此时北伐，正当其时。"

诸葛亮走到地图前，用羽扇指着地图上的山川河流，讲述着北伐的战略部署："臣对先帝有着深厚的忠诚和感激之情，先帝一生的志向便是恢复汉朝的统治。臣坚持北伐，正是为了实现先帝的遗愿，兴复汉室。再者，我蜀汉虽然拥有益州之地，但国力相对较弱。若坐以待毙，必将被曹魏所吞并。因此，臣决定采取主动出击的战略，北伐曹魏。通过北伐，我们可以削弱曹魏的实力，为蜀汉争取更多的生存空间。"

众臣听后，纷纷点头称是。这时，魏延站了出来，他神色激昂，声音中充满了自信，说道："丞相，末将有一计，愿率五千精兵，携带足够粮食，从子午谷秘密行军，直取长安。长安守将夏侯楙懦弱无谋，我军突然出现在城下，他必定会弃城而逃。如此，我军便可轻易占领长安，进而控制关中地区。同时，丞相可率领大军从斜谷出兵，与我会师于潼关，共同夹击曹魏的援军。”

诸葛亮闻言，谨慎地思索了一会儿，答道：“魏延将军之勇，吾素所知。然子午谷道路险峻，地形复杂，行军过程中恐遭魏军伏击。一旦受阻或失败，这五千精兵将可能全军覆没，对我蜀汉军事力量造成重大打击。”

魏延听后，神色略显急切，说：“丞相，此计虽险，但一旦成功，将能迅速改变战局，实现我蜀汉的战略目标。长安乃关中重地，得之则我军可进可退，对曹魏形成巨大威胁。”

诸葛亮轻轻摇了摇头，羽扇在手中缓缓摆动，说：“吾知将军之心，然我蜀汉地狭人稀，资源有限，不可轻易行险。吾主张稳扎稳打，逐步蚕食曹魏领土。先攻占陇右地区，切断曹魏关中与河西走廊的联系，再寻找机会进军关中。此策虽慢，但胜在稳妥，能保证我军之安全和后勤补给线之畅通。”

魏延闻言，眉头紧锁，显然对诸葛亮的决策心有不甘。但诸葛亮却神色坚定，继续说道：“将军之勇，吾甚欣赏。然战争非儿戏，需谨慎从事。吾已深思熟虑，此子午谷之计过于冒险，成功之机渺茫，且可能对我蜀汉造成不可挽回之损失。”

经过一番激烈的争论，诸葛亮最终还是坚持了自己的战略部署，否决了魏延的子午谷之计。他目光扫过众臣，语气坚定地说道：“吾意已决，愿诸君共襄此举，为蜀汉之未来而奋斗。”

众臣听后，虽然对魏延的计策感到惋惜，但也深知诸葛亮的智谋和才能，纷纷点头称是。刘禅更是对诸葛亮充满了信任和敬仰，他站起身，双手抱拳，坚定地说道："丞相之计，甚合朕意。朕愿将蜀汉之命运，交予丞相手中。望丞相不负先帝之托，兴复汉室，指日可待。"

诸葛亮深感皇帝之信任，心中涌起一股暖流。他深知，北伐之路虽然艰难险阻，但他必须为了蜀汉的未来，为了先帝的遗愿，奋勇前行。于是，他开始了紧张的筹备工作，调兵遣将，整顿军备，同时派遣使者前往东吴，联络孙权，共谋北伐大计。

战略部署，疑兵之计显神威

丞相府中烛光摇曳，诸葛亮端坐在案前，目光深邃，手指轻扣着案几上的地图，每一声轻响都透露出他内心的决绝与谋略。他运筹帷幄，决定以疑兵之计揭开北伐的战幕。于是，他委以重任于赵云、邓芝这两位沙场老将，命他们率领一支军队出褒斜道，其核心任务并非攻城拔寨，而是要吸引并牵制魏国大将军曹真的主力部队。

蜀汉建兴六年（228 年）春，诸葛亮率大军北伐曹魏，一场智勇交锋的战役在中原大地缓缓拉开序幕。面对蜀汉的突然袭击，曹魏的迅速反应无疑给蜀军带来了前所未有的压力。魏明帝曹叡这位年轻的帝王，展现出了非凡的决断力和军事才能。

他迅速调兵遣将，意图将蜀汉的攻势扼杀在摇篮之中。

魏明帝曹叡命大将军曹真都督陇右诸军，率大军赴郿，堵住斜谷谷口，以抗击诸葛亮的北伐大军。曹真作为曹魏的资深将领，军事才能和威望都堪称一流，他的出现无疑给蜀军带来了巨大的威胁。然而，诸葛亮这位被誉为“卧龙”的智者，却早已料到了曹魏的反应。

诸葛亮深知，若直接与曹真的大军正面交锋，蜀军将处于劣势。因此，他决定采用声东击西的策略，以迷惑曹魏的决策层。

果然，曹真被诸葛亮的疑兵之计所迷惑，他误以为蜀军的主攻方向是斜谷道，于是率大军前往郿县布防，准备迎击蜀军。然而，这正是诸葛亮所期望的。当曹真的主力部队被吸引到郿县时，诸葛亮的主力军得以顺利出祁山，攻占了南安、天水、安定三郡，使得蜀汉的北伐事业取得了初步胜利。

收服姜维，智勇双全添羽翼

建兴六年（228 年），蜀汉丞相诸葛亮率大军北伐，兵锋直指祁山。此时，恰逢天水太守马遵外出巡视，姜维及功曹梁绪、主簿尹赏、主记梁虔等人随行。一场突如其来的变故悄然改变了姜维的命运。

《三国志·蜀书·姜维传》中翔实记载了这段历史：

> “太守闻蜀军垂至，而诸县响应，疑维等皆有异心，于是夜亡保上邽。维等觉太守去，追迟，至城门，城门已闭，不纳。维等相顾曰：‘今诸县响应，野无寇贼，维等不归，如君何？’遂还冀城。维归，而冀城已降。维遂与绪、赏等向诸葛亮。”

原来，马遵得知蜀军即将兵临城下，且各地纷纷响应，心中顿生疑虑，怀疑姜维等人有叛变之心。于是，他不顾一切，连夜逃往上邽以求自保。姜维等人察觉太守离去，急忙追赶，但为时已晚。当他们赶到城门时，城门已紧闭，将他们拒之门外。面对这突如其来的变故，姜维等人相视无言，心中充满了无奈与迷茫。他们深知此时归路已断，前路未知。

在短暂的商议之后，姜维决定返回冀城。然而，他们回到冀城时，却发现城池已经降蜀。这一消息如同晴天霹雳，让姜维等人陷入了困境。此时，姜维面临着人生中的重大抉择。他深知自己孤身一人难以抵挡蜀军的大军压境，而且对于魏国的忠诚也开始动摇。

此时，诸葛亮大军已攻占西县，他早闻姜维之名，知其智勇双全，才华横溢，乃一位难得的将才。因此，在得知姜维等人被困冀城后，诸葛亮立即派遣精兵强将前往接应，并亲自制订了一系列收服姜维的计划。

首先，诸葛亮命令蜀军对冀城实施围而不攻的策略，以给姜维等人留下一条生路。他深知，若直接攻城，必然会迫使姜维等人拼死抵抗，甚至可能玉石俱焚。而围而不攻，则能让姜维等人感受到蜀军的宽容与诚意，从而为他们投降创造有利条件。

随后，诸葛亮亲自修书一封，派使者送给姜维。在信中，他对姜维的才华和勇气表示了高度的赞赏，并诚挚地邀请他加入蜀汉，共同为兴复汉室而努力。诸葛亮在信中写道："吾闻姜维智勇双全，乃当世之英杰。吾愿与汝携手共进，共谋天下大事。若汝愿降，吾必以国士之礼相待，共图大业。"

姜维收到诸葛亮的信件后，心中感慨万千。他深知诸葛亮的名声和威望，也对他所提出的兴复汉室的理想深感认同。同时，他也知道蜀汉的实力和潜力，以及自己在蜀汉军中可能发挥的作用。

在深思熟虑之后，姜维决定投降蜀汉。他带领梁绪、尹赏等人走出冀城，向诸葛亮投降。诸葛亮见姜维来降，心中大喜。他当即以国士之礼相待，与姜维促膝长谈，共谋天下大事。

在交谈中，诸葛亮对姜维的才华和见识更是赞赏有加。他深知，姜维的加入将为蜀汉政权增添一双有力的翅膀。因此，他决心重用姜维，让他在自己的北伐事业中发挥重要作用。

就这样，姜维成为诸葛亮身边的得力助手，为蜀军的北伐事业立下了赫赫战功。他的智勇双全和才华横溢，在蜀汉军中得到了充分的发挥和展现。诸葛亮对姜维也极为赏识，时常与他商讨兵法战策。

在诸葛亮的带领下，姜维等人奋勇杀敌，屡建奇功。他们的英勇事迹也成为后世传颂的千古佳话。

在《三国演义》中，诸葛亮通过调虎离山、离间计等谋略，使姜维陷入困境。在姜维走投无路之际，诸葛亮亲自现身，以诚意和赏识打动姜维，最终使其投降。但在正史中，姜维是在诸葛亮北伐期间，因天水太守马遵的疑心及蜀军的攻势而被迫投降蜀汉的。姜维的投降更多是当时战场的形势和天水太守的决策所导致的。他的投降是历史的选择，也是命运的安排。而诸葛亮在收服姜维过程中所展现出的谋略与智慧，更是让人叹为观止。

街亭之战，智谋与失误的交织

街亭是陇右通往关中的咽喉要隘，成为首次北伐的关键。诸葛亮深知街亭的重要性，若守住街亭，就能切断曹魏援军对陇右的增援，为北伐创造有利条件。于是，他慎重地选择了参军马谡作为先锋，率领先锋部队前往街亭阻击张郃。同时，他还派遣高翔屯兵列柳城，王平在山下扎营，以策应马谡，形成了一个看似完美的防御体系。

然而，智者千虑，必有一失。马谡这位年轻气盛的将领到达街亭后，却违背了诸葛亮的部署。他舍水上山，依阻山南，凭高结营，以为这样可以占据地利，抵御魏军。裨将军王平多次规劝，指出在山上扎营的弊端，马谡却固执己见，不听劝告。

魏将张郃是位经验丰富的老将，一眼便看穿了马谡的破绽。他率领步骑五万，由关陇通道西进，直逼街亭。当看到马谡在山上扎营时，张郃心中大喜，他知道这场战斗已经胜券在握。

张郃先派兵切断蜀军的水源，使蜀军陷入被动。然后，他率军将马谡据守的山头团团围住，发动猛攻。蜀军缺水，士气低落，很快就被张郃击败。马谡弃军而逃，蜀军溃败。

此时，诸葛亮虽远在祁山，对街亭的战况却了如指掌。当得知马谡败退的消息时，他并没有慌乱，而是立即做出了撤退的决定。他深知，街亭失守，北伐大军的后路随时可能被曹军切断，造成全军被包围消灭的危险。

北伐之路漫漫，后勤补给成为制约蜀军的重要因素。蜀军远离本土，粮草运输困难重重。诸葛亮在战前进行了充分的准备，包括在汉中屯田积粮。然而，由于街亭失守，蜀军粮道被断，后勤补给问题凸显。诸葛亮不得不下令全军撤退，以避免粮草耗尽导致全军覆没。这一决策虽然无奈，却彰显了诸葛亮的远见和果断。

诸葛亮派遣王平率领残军撤回。王平见马谡败局已定，率领自己的军队鸣鼓自守。张郃怀疑有伏兵，不敢进逼。王平趁机收拾残军，安全撤回。这一举动不仅保存了蜀军的有生力量，还为后续的北伐留下了希望。

街亭之战失败，让诸葛亮深感痛心。他挥泪斩马谡，以严明军纪，并上疏请自贬三等。他知道，这场战役失败不仅是因为马谡的失误，更是因为自己在用人上的疏忽。总体来说，天水、南安、安定三郡得而复失，第一次北伐以失败告终。但他并没有因此放弃，而是更加坚定了北伐的决心。

陈仓再交锋，诸葛亮智计百出攻城难

时光如白驹过隙，转眼间已至建兴七年（229年）年初。清风拂面，战鼓再擂，诸葛亮身披铠甲，踏上了北伐的第二次征途。这一次，他选择了出散关，直取陈仓。那关中的西大门犹如一把钥匙，若能掌握，便可长驱直入，直逼长安，威胁曹魏的中原心脏。

大军蜿蜒如龙，浩浩荡荡地向陈仓进发。所过之处，百姓们箪食壶浆，来为这支王师送行。诸葛亮骑在马上，望着这一幕，眼中闪烁着坚定的光芒，心中如波涛汹涌。他深知自己肩负的使命之重，每一步都关乎蜀汉的兴亡。

蜀军抵达陈仓城下时，只见城墙上旌旗飘扬，兵甲林立。郝昭站在城楼上，目光如炬，严阵以待。郝昭，字伯道，太原人氏，智勇双全，善于守城。接到命令后，他立即着手加固城防，整备军马，以迎接这场即将到来的恶战。

诸葛亮抬头望着城楼上的郝昭，心中暗自盘算着攻城之策。他对身旁的姜维说：“郝昭非等闲之辈，若要攻下此城，必须智取。”说罢，他命人去叫阵，希望郝昭能够出城应战。

然而，郝昭却坚守不出，只是命人在城墙上放箭御敌。蜀军多次攻城，均被郝昭一一击退，死伤无数。诸葛亮见状，眉头紧锁，心中焦急万分。他深知粮草乃行军打仗之根本，若长时间攻城不下，粮草一旦耗尽，大军便将不战自溃。

“丞相，如此下去，恐非长久之计。”姜维担忧地说道。

诸葛亮沉思片刻，决定改变策略：“我们采用围城打援的战术。你率一部分军队继续围攻陈仓，我亲率主力部队去截击曹魏的援军。”

然而，郝昭却仿佛看穿了诸葛亮的计谋。他一边坚守城池，一边派人向曹魏求援。不久，士卒来报，曹魏大将军曹真率领大军前来救援，不久后将与郝昭合兵一处，共同抵御蜀军的进攻。

诸葛亮得知曹真即将前来救援后，心中不禁暗自叹息。他望着眼前的局势，对姜维说：“我们已陷入两线作战的境地，若不能迅速击败其中一路敌军，便将腹背受敌。”

于是，诸葛亮决定先试探一下曹魏援军的动向，同时继续对陈仓城保持压力。他派遣了一支小部队前去侦察曹真大军的行进路线和兵力部署，同时命令姜维加强对陈仓城的围攻，但要避免进行大规模正面攻城，以保存实力。

不久，侦察部队带来消息，曹真大军正迅速向陈仓逼近，且兵力雄厚。诸葛亮深知，他必须尽快找到破城之策，或者设法牵制曹真大军，为攻城创造有利条件。

诸葛亮再次审视了陈仓城的城防布局，心中萌生了一计。他决定利用郝昭的谨慎性格，派遣郝昭的同乡靳详前去劝降。靳详来到城下，向郝昭喊话，述说蜀汉的仁德和诸葛亮的威名，希望郝昭能够审时度势，归降蜀汉。

然而，郝昭却不为所动。他站在城楼上，坚定地回应靳详："魏家科法，我所熟知；我之为人，你也了解。我受国恩多重，门户显赫，岂能轻易背叛？你无须多言，我只有以死报国而已。你回去告诉诸葛丞相，尽管来攻便是。"

靳详无奈，只好返回蜀军营地，将郝昭的话转告给诸葛亮。诸葛亮听后，并未气馁。他料到郝昭会如此坚守，但也更加坚定了他攻下陈仓的决心。

就在这时，诸葛亮突然眼前一亮，他想到了一个办法。他命人制造了大量的攻城器械，如云梯、冲车等，准备再次攻打陈仓城。

《三国志·魏书·明帝纪》裴松之注引《魏略》相关记载：

"亮围陈仓，使昭乡人靳详于城外遥说之，昭于楼上应详曰："魏家科法，卿所练也；我之为人，卿所知也。我受国恩多而门户重，卿无可言者，但有必死耳。卿还谢诸葛，便可攻也。”详以昭语告亮，亮又使详重说昭，言人兵不敌，无为空自破灭。详乃去。亮自以有众数万，而昭兵才千余人，又度东救未能便到，乃进兵攻昭，起云梯冲车以临城。昭于是以火箭逆射其云梯，梯然，梯上人皆烧死。昭又以绳连石磨压其冲车，冲车折。亮乃更为井阑百尺以射城中，以土丸填堑，欲直攀城，昭又于内筑重墙。亮又为地突，欲踊出于城里，昭又于城内穿地横截之。昼夜相攻拒二十余日，亮无计，救至，引退。”

从这段记载中，我们能够略微窥探三国时期攻城技术与装备的大致样貌。云梯是用于攀越城墙攻城的用具。冲车是用于撞击城门或城墙的攻城器械。井阑是一种高大的攻城器械，士兵可以在上面向城墙上的守军发射弓箭等武器。地突即挖掘通往城墙或城门下的隧道，以破坏城墙或城门。

书归正传。诸葛亮站在陈仓城下，目光如炬，凝视着那座固若金汤的城池。他命人将云梯架设在城墙之下，那些云梯高耸入云，梯身由粗壮的木材制成，表面包裹着铁皮，坚固无比，足以承载数十名士兵同时攀登。蜀军勇士们身披闪亮的铠甲，手持寒光闪闪的兵器，纷纷踏上云梯，向着城墙顶端奋勇攀登。他们的脚步声在寂静的空气中回荡，充满了决心与勇气。

然而，城墙上的郝昭早已有所准备，他冷静地指挥着守军，眼神中透露出坚定与智慧。郝昭命令守军以火箭射击云梯，火箭如流星般划破长空，带着炽热的火焰和死亡的气息，准确地击中了云梯。顿时，火焰腾起，云梯上的蜀军士兵被熊熊烈火吞噬，惨叫声、呼救声此起彼伏，空气中弥漫着焦糊味和血腥味。

见云梯攻势受挫，诸葛亮并未气馁。他眉头微皱，眼中闪过一丝冷厉，随即下令推出冲车。冲车巨大而沉重，前端装有尖锐的金属撞头，在阳光下闪着寒光。数十名士兵合力推动冲车，喊着整齐的口号，向着城门猛撞而去，大地都在为之颤抖。然而，郝昭又使出了新的应对之策。他命人将绳索系在城楼上的巨石磨盘上，当冲车靠近时，他大喝一声："拉！"巨石磨盘如巨石般砸下，正好撞在冲车的撞头上。冲车瞬间折断，木屑四溅。蜀军士兵也被撞得东倒西歪，一片混乱。

连续两次攻势受阻，诸葛亮眉头紧锁，眼神中闪过一丝忧虑，但他很快又想出了新的办法。他命人建造井阑，这是一种高大的木制攻城塔，塔身高达百尺，巍峨耸立。士兵可以在塔顶向城墙上的守军发射弓箭。井阑缓缓地被推向城墙，后蜀军弓箭手在塔顶严阵以待，万箭齐发，射向城墙上的魏军。箭矢如雨点般落下，魏军士兵纷纷躲避。然而，郝昭也不甘示弱，他命人在城内筑起重重高墙，形成了一道又一道的防线，使得蜀军的弓箭难以穿透，只能落在城墙上。

诸葛亮见状，心中暗自赞叹郝昭的守城之才，但他并未放弃。他决定采用地道战术，即地突。他命人挖掘通往城墙下的地道。地道又深又宽，足以容纳数十名士兵同时前进。蜀军士兵手持火把和兵器，悄悄地在地道中前进，他们的脸上写满了紧张与期待。然而，郝昭仿佛有未卜先知之能，他命人在城内挖掘横截地道，将蜀军的地道截断。当地道中的蜀军士兵发现前方无路可走时，为时已晚，他们被魏军士兵从截口处杀得片甲不留，地道中充满了绝望与死亡的气息。

昼夜相攻拒二十余日，诸葛亮用尽了各种攻城之法，却始终无法攻破陈仓城。他望着眼前那座坚不可摧的城池和士气高昂的守军，心中不禁有些无奈。这时，一名侦察兵匆匆跑来，禀报道："丞相，曹魏的援军已经越来越近！"与此同时，另一名侦察兵来报，魏明帝曹叡派遣张郃率禁卫军紧急增援陈仓。

诸葛亮叹了口气，目光深邃地望着远方，沉声道："传令全军，撤退！"

蜀军多次攻城均告失败，损失惨重。士兵们疲惫不堪，脸上写满了疲惫与沮丧。而郝昭却凭借着坚固的城防和顽强的意志，一次次地击退了蜀军的进攻。他站在城墙上，望着撤退的蜀军，眼中闪过一丝欣慰与坚定。他深知自己肩负的使命之重，也明白这座城池对于曹魏的重要性。因此，他宁死也要守住这座城池。

随着时间的推移，蜀军的粮草逐渐耗尽。诸葛亮深知自己此时已经无力再继续攻城了，因此决定撤兵。他望着眼前的陈仓城和那面依然飘扬的魏国旗帜，心中不禁感慨万千。他轻声自语道："此次北伐又未能取得胜利，但战争并非一蹴而就的事情，需要耐心和毅力。”

在撤兵的路上，诸葛亮一直在思考着下一步的作战计划。他骑着战马，缓缓前行，身旁的将士们也都沉默不语。突然，他转头对身边的姜维说道：“你对此次攻城有何看法？”

姜维沉思片刻，回答道：“丞相，郝昭防守严密，我军难以攻破。但我们也并非一无所获，至少我们了解了郝昭的防守能力和魏军的战斗力，也为未来的作战计划提供了宝贵的参考。”

诸葛亮点了点头，眼中闪过一丝深邃的光芒。

武都阴平奏凯旋，郭淮惨败成“反面教材”

蜀汉建兴七年（229年），春日暖阳如织，照耀着蜀汉大地，万物悄然复苏。然而，在这宁静的表象之下，一场波澜壮阔的战役正悄然拉开序幕。诸葛亮这位蜀汉的智囊与领袖，心怀国家大义，决意再次挥师北伐，剑指曹魏的武都和阴平二郡。

《三国志·蜀书·诸葛亮传》载：“七年春，亮遣陈式攻武都、阴平。魏雍州刺史郭淮率众欲击式，亮自出至建威，淮退还，遂平二郡。”历史的笔触简洁而有力，记录下了这场完胜的北伐。

武都、阴平两郡犹如蜀汉通往中原的战略要冲，得之，则蜀汉侧翼固若金汤。诸葛亮汲取前两次北伐的教训，深知远征之难，补给之艰，遂决定采取近攻之策，利用地理之利，趁曹魏守军薄弱之机，先取两郡。

营帐之中，诸葛亮手指地图，目光如炬，已在心中勾勒出胜利的蓝图。“若能夺取这两郡，将大大稳固我蜀汉的侧翼防线。”他轻声自语，手指在地图上轻轻划过，仿佛已经看到了胜利的旗帜在那片土地上飘扬。

经过深思熟虑，诸葛亮召来了身经百战的将军陈式（一说为陈戒）。“陈将军，我欲派你作为前锋，进攻武都、阴平二郡。你可有信心？”诸葛亮的声音沉稳而坚定。

陈式单膝跪地，朗声答道：“末将定不辱使命，誓夺二郡！”他的眼神坚定，仿佛已经看到了自己站在胜利的巅峰。

诸葛亮点了点头，眼中闪过一丝赞许之色。“好！你即刻率领前锋部队出发，直逼两郡。我会派兵支援你。”他的声音中充满了对陈式的信任和期待。

陈式领命而去，率领前锋部队迅速出击。他们如猛虎下山，直逼武都、阴平。沿途之上，蜀汉的旗帜迎风飘扬，士兵们士气高昂，战鼓声声震天响。

曹魏雍州刺史郭淮闻讯后，大惊失色。他深知武都、阴平的重要性，若被蜀汉夺取，将对曹魏的陇南防线造成严重威胁。于是，郭淮立即率军从雍州出发，前往救援。

然而，诸葛亮早已料敌先机。他派遣部分兵力佯装主攻，吸引郭淮的注意力。这些士兵们奋勇当先，与曹魏军队展开了激烈的交锋。与此同时，诸葛亮的主力部队则秘密行军，绕道至郭淮的后方。

郭淮率军赶至前线时，只见蜀汉军队如潮水般涌来，士气高昂，战斗力极强。他环顾四周，才发现自己已陷入了诸葛亮的包围圈。他的心中充满了震惊和不解:“这……这怎么可能?”

面对蜀汉的强势进攻，郭淮心知难以抵挡。他试图组织反击，但蜀汉军队如猛虎下山，势不可挡，喊杀声此起彼伏。郭淮无奈地喊道：“撤！快撤！”经过几番激战，郭淮被迫撤退。武都、阴平两郡最终被蜀汉攻占。

诸葛亮随后率大军赶到，对两郡进行了安抚和治理。他亲自与氐、羌等部落首领会面，以诚恳的话语打动了他们：“诸位首领，我蜀汉向来尊重各民族的文化和传统。如今我军攻占武都、阴平二郡，并非为了征服和压迫你们，而是为了共同抵御外敌，保卫家园。”

氐、羌等部落首领听了诸葛亮的话，纷纷表示愿意归附和支持蜀汉，与蜀汉军队并肩作战。

在稳固了武都、阴平的防务后，诸葛亮并未急于继续北伐。他深知蜀汉实力尚不足以与曹魏全面开战。于是，他命令道：“传令下去，留下部队巩固防线，我则率领大军返回汉中。”

此次武都、阴平之战的胜利，不仅扩大了蜀汉的疆域，更提升了蜀汉的士气。诸葛亮以他的智谋和勇气，再次证明了他是蜀汉的脊梁和灵魂。他的名声传遍了四海，成为后世传颂的佳话。而郭淮战败，也成为后世军事史上的教训。

司马懿“帅”不过三秒，卤城苦战丢颜面

自诸葛亮执掌蜀汉军政大权以来，北伐中原、恢复汉室便成了他心中的头等大事。蜀汉地狭人寡，若长此以往，必难与曹魏、东吴抗衡。因此，他屡次上表后主刘禅，请求再次出兵北伐中原。

公元231年早春的一日，诸葛亮手持羽扇，站在高台上，声音洪亮地问道：“吾等此次北伐，定要一鼓作气，直捣曹魏腹地！诸君，可愿随我共赴此战？”

“愿随丞相！”将士们齐声高呼，士气高昂。

大军浩浩荡荡地出了祁山，直逼曹魏境地。曹魏闻讯，大惊失色。此时，魏大司马曹真有病在身，无法领兵作战。魏明帝曹睿只得命司马懿率领张郃等大将带兵西进，抵御蜀军。

司马懿接旨后，眉头紧锁，心中暗自思量：“诸葛亮用兵如神，此次来战定有诡计。我必须小心应对，不可轻敌。”他

不敢怠慢，立即点兵出征，并命部将费曜、戴陵留精兵四千守上邽，自己则统率大军西救祁山，命张郃为先锋。

诸葛亮率领蜀军一路势如破竹，连战皆捷，他亲率主力北进，目标直指曹魏的重镇上邽。蜀军将士士气高昂，他们深知此战关乎蜀汉的兴亡，都誓死要为蜀汉的荣耀而战。

当蜀军行至上邽近郊时，诸葛亮骑在战马上，眺望着前方的田野，只见小麦已近成熟，金黄色的麦浪在微风中轻轻摇曳，一片丰收的景象映入眼帘。诸葛亮心中一喜，转头对身旁的姜维说："此乃天赐之粮，不可不取。我军深入敌境，粮草供应困难，此麦田正好可以解决我军的燃眉之急。"

姜维点头称是，他深知诸葛亮的用兵之道，总是能在绝境中找到生机。于是，诸葛亮遂令士卒下田收割，将成熟的麦子作为军粮。蜀军将士们纷纷以刀剑作"镰刀"，像农民一样在麦田里忙碌起来。他们动作迅速，手法熟练，很快就将一片片麦田收割得干干净净。

然而，诸葛亮早已想到，魏军不会坐视蜀军收割麦田而不顾。上邽的魏军守将费曜等人定会率军出战，试图阻止蜀军的行动。因此，诸葛亮早已做好了充分的准备。他采取了分兵策略，留下部分兵力继续进攻上邽城，以吸引魏军的注意力，让魏军误以为蜀军的主攻方向仍然是上邽。

同时，诸葛亮亲自率领主力部队，在麦田周围布下了严密的阵势，保护正在收割的士卒。他还特意设下了伏兵，准备给前来袭击的魏军一个迎头痛击。

果然，当魏军守将费曜等人发现蜀军正在收割麦田时，他们急忙率军出战。费曜怒不可遏，誓要夺回这片属于他们的粮食。他率领魏军将士冲向麦田，企图阻止蜀军的收割行动。费曜骑在战马上，高声呐喊："蜀军贼子，竟敢抢夺我军粮食，看我不将你们斩尽杀绝！"

然而，他们冲入麦田时，却遭到了蜀军主力的顽强抵抗。诸葛亮亲自指挥作战，他运用巧妙的战术将魏军引诱到伏击圈中。蜀军伏兵突然从四面八方杀出，将魏军团团围住。

经过一番激战，魏军大败。费曜等人见势不妙，急忙率军撤退。他们士气低落，再也不敢轻易出城迎战。蜀军将士们一直追击到城下，这一战缴获了大量的武器装备和粮草。

是时，司马懿率军甫至祁山，仅见蜀军余部在前方游弋。他心中一凛，对张郃说："诸葛亮主力已逼近上邽，我等必须迅速前进，与之决战！"

张郃领命而去，司马懿则率军紧随其后。然而，他们赶到上邽时，却发现魏军上邽守将费曜等已大败而归。费曜垂头丧气地来到司马懿面前，跪拜道："末将无能，未能一举歼灭蜀军，请大司马治罪！"

司马懿叹了口气，扶起费曜说："此非你之过也。诸葛亮用兵如神，我等皆非其敌。现在要紧的是如何挽回败局。"

就在这时，有探马来报："蜀军正收割上邽之麦田，以充军粮！”

司马懿闻言心中暗自咒骂：“诸葛亮啊诸葛亮，你竟如此狡猾！”但事已至此，他只能眼睁睁地看着蜀军将麦田中的粮食全部运走，心中充满了无奈和愤怒。

而这一头，诸葛亮望着满载而归的蜀军士卒，眼中闪烁着智慧的光芒，对姜维说：“此战我军已得先机，下一步便是要诱司马懿深入，再次围歼。”

姜维点头表示赞同。诸葛亮随即召集众将，商议下一步行动计划。他沉声说道：“司马懿经此一挫，士气必受影响。我若乘胜追击，必能大破魏军。然魏军兵多将广，若与之硬拼，我军亦难取胜。”

众将听后，纷纷献计献策。马岱声音洪亮地说道：“丞相，我军可在卤城设下埋伏，以逸待劳。”魏延则跃跃欲试，说道：“我愿领一军前去诱敌深入，丞相可设伏兵于后。”

诸葛亮闻言大喜，说道：“好，我们就退至卤城（今甘肃礼县盐官镇）扎营，据南北二山，断水为重围，便可形成坚固的防御态势。”他又转向魏延，语气坚定地说：“此计甚妙！你便领一军前去诱敌，我自有安排。”

接着，诸葛亮详细布置了作战计划。他命魏延率领一支精锐部队佯装败退，引诱司马懿追击。魏延领命而去，率领部队且战且退，故意露出破绽，让司马懿觉得有机可乘。同时，诸葛亮亲自率领主力部队，在卤城南北二山之间设下埋伏，准备给追击的魏军以致命一击。为了确保计划的万无一失，诸葛亮还特意安排了高翔和吴班两位大将，分别率领部队在关键位置待命，以策应魏延并共同围歼魏军。

此时，司马懿站在高岗之上，远眺蜀军，眉头紧锁，眼中闪烁着谨慎与疑虑。他心中暗自思量："诸葛亮，你这次又来送死了吗？但为何我总觉得其中有诈？"他派出了探子侦察蜀军的动静，同时加强了魏军的防御，以防蜀军突然反击。

然而，魏延的诱敌之计实施得毫无破绽，他率领的蜀军已被魏国打得"溃不成军"。司马懿的探子传回了蜀军败退的消息，并未察觉其中的不妥。司马懿在反复权衡利弊后，终于按捺不住内心的冲动，决定亲自率领一部分兵力前往征战，同时命令张郃进攻王平固守的卤城南营，企图对诸葛亮发动南北夹击的钳形攻势。

蜀军营地内，诸葛亮正与姜维、魏延等人商议军情。忽闻魏军进攻，他微微一笑，对众将说道："司马懿终于来了，我等他好久了。"随即，他命令北营的蜀军奋勇抵抗，同时派王平率领精兵守卫南营。

当司马懿追至卤城附近时，突然发现了蜀军的埋伏迹象。他心中一惊，立刻命令部队停止前进，但为时已晚。此时，战场上气氛紧张到了极点，蜀军已经布下了天罗地网，只等司马懿入瓮。

随着一声令下，蜀军从四面八方涌出，向魏军发起了猛烈的攻击。战场上，喊杀声震天动地。北营的蜀军在诸葛亮的亲自指挥下奋勇杀敌。箭如雨下，使得魏军无法靠近。司马懿见状，怒火中烧，但他强压下心头的怒火，大声喊道："诸葛亮，你休要猖狂！今日吾必取你首级！"然而，他的喊声很快被蜀军的喊杀声所淹没。

南营的王平也是一位勇猛的将领。他身披铠甲，手持长枪，率领蜀军与张郃展开了殊死搏斗。张郃屡次冲锋，均被王平击退。他恼羞成怒，大声骂道："王平，你这无名小卒，也敢与吾为敌！"王平却哈哈大笑，回应道："张郃，你不过是一介匹夫，有何能耐？今日便是你的死期！"说着，他挺枪直击张郃。两人交锋，难解难分。

在战役中，蜀军逐渐取得了优势。他们利用地形之利设下了重重陷阱，使得魏军屡屡受挫。司马懿的帅旗在蜀军的英勇抵抗下，显得如此无力与苍白。他原本以为凭借自己的兵力和智谋，可以轻易击败诸葛亮，却没想到蜀军竟然如此坚韧不拔。

司马懿脸色阴沉，他深知自己已经陷入了诸葛亮的圈套。他原本谨慎的神色在这一刻被愤怒和不甘所取代，但他仍然强压下心头的慌乱，试图寻找破局之法。他命令魏军拼死抵抗，同时派人向后方求援。

蜀军的攻势如同潮水一般汹涌澎湃，一波接着一波地向魏军阵地发起冲击。魏军虽然奋力抵抗，但在蜀军的猛烈攻势下，渐渐显得力不从心。司马懿眼睁睁地看着自己的士兵在战斗中纷纷倒下，心中涌起一股难以言喻的痛苦和无奈。他深知，若要与诸葛亮抗衡，必须更加谨慎小心，不可轻举妄动。于是，他决定暂时撤兵，采取守势，加强情报工作，以便随时掌握敌情，以图获得彻底的胜利。

在接下来的几个月里，双方展开了多次激烈的交锋。蜀军凭借诸葛亮的智谋和将士们的英勇精神，多次击败魏军的进攻，逐渐占据了上风。而司马懿虽然兵力雄厚，但在诸葛亮的巧妙周旋下，始终未能找到有效的破敌之策。

正在司马懿一筹莫展之际，诸葛亮也陷入了困境。

建兴九年（231 年）的夏天淫雨霏霏，粮草运输受阻。李严作为负责后勤的将领，在汉中焦急万分，写信通知诸葛亮："粮运不继，宜速撤军。"诸葛亮接到信件后，沉思良久。这次北伐粮草本就不充足，之前收割的魏国小麦早已耗尽。粮草不济，成为蜀军继续征战的最大绊脚石。

苦战几个月，就这样撤军吗？诸葛亮心中万般不甘。他召集诸将，沉重地说道："吾等虽在卤城取得了优势，但粮草不济，无法继续坚守。吾决定撤军，但在此之前，吾要给司马懿一个难忘的教训，让他知道，我蜀汉将士并非轻易可欺！"

说罢，诸葛亮开始秘密布置撤军前的最后一次伏击。他选中了地势险要的木门道，命令姜维、魏延等将率领精兵埋伏于此，等待魏军的追击。

六月，天气闷热，木门道两旁的山林郁郁葱葱。张郃率领魏军追击蜀军至此，只见山路崎岖、林木茂密，心中不禁生疑。但想到诸葛亮即将撤军，他又不愿放弃这个立功的机会，于是命令魏军继续前进。

然而，当魏军进入木门道时，蜀军伏兵突然发起攻击。万弩齐发，箭如雨下。张郃措手不及，被射中右膝，顿时鲜血直流，痛彻心扉。他倒在地上，眼睁睁地看着蜀军将士冲杀过来，心中充满了悔恨和不甘。他没想到，自己竟然会在这里被诸葛亮设下的伏兵所击败。

司马懿得知张郃被杀的消息后，悲痛欲绝。他站在营帐外，望着远方，喃喃自语道："诸葛亮，你竟如此狠毒！吾誓要报此仇！"然而，他深知，此时已无力追击蜀军，只能眼睁睁地看着他们撤离。

木门道伏击是诸葛亮北伐过程中的一次精彩战例。它不仅成功击退了魏军的追击，还斩杀了魏军名将张郃，对魏军造成了沉重的打击。而司马懿只能在卤城苦战和木门道的失利中黯然神伤。

五丈原对垒时长，诸葛亮抱憾辞世

蜀汉建兴十二年（234 年），经过三年的精耕细作、劝农讲武，诸葛亮怀揣着复兴汉室的壮志，再次踏上了北伐的征途。他亲率大军穿越险峻的秦岭，驻足于那片地势开阔的五丈原镇。这里成了他精心挑选的第五次北伐基地。之所以选择五丈原，是因为这里地势开阔，进可攻，退可守，自然条件十分优越。然而，这场战役却成了他生命中的最后一战。

为了这次大战，诸葛亮早早就着手实施他的屯田政策，目的是为长期作战做好粮草供应方面的准备。诸葛亮采取了分兵屯田的策略，将兵力分散到各个关键地点，既保证了粮食的收获，又增强了蜀军在当地的影响力。这一策略不仅解决了军粮问题，还让蜀军与当地居民建立了良好的关系，为长期作战创造了有利条件。五丈原的土地肥沃，气候适宜，很快，一片片麦田在蜀军的耕耘下茁壮成长。

在军事准备的同时，诸葛亮也没有忽视外交策略的作用。他派遣使节前往吴国，希望与吴国联手，共同对抗曹魏。只有联合一切可以联合的力量，才有可能战胜强大的曹魏。

很快，大战拉开了帷幕。这次，诸葛亮亲率十万大军奔赴前线。魏将司马懿率领大军渡过渭水，背水立营，以抵御蜀军的进攻。曹魏方面，雍州刺史郭淮深知五丈原的战略重要性，他向司马懿建议抢占北原，以防止蜀军切断长安通往陇西的道路。司马懿采纳了郭淮的建议，立即派兵驻防北原。蜀军不甘示弱，对北原发起了猛烈的进攻，然而魏军坚守如磐，蜀军最终未能攻克，初战失利。

但初战失利并没有让诸葛亮气馁，他深知这场战役将是一场持久的较量。自公元 234 年二月起，蜀魏两军在五丈原对峙了整整一百余天。其间，诸葛亮多次挑战，他运用各种战术，试图引诱司马懿出战，然而司马懿却始终坚守不出。他深知诸葛亮的智谋和蜀军的战斗力，不愿轻易冒险。

在蜀军营寨中，诸葛亮眉头紧锁，眼神中闪烁着焦急。长时间的对峙对蜀军不利，他必须想办法激怒司马懿，迫使其出战。

于是，诸葛亮召来一名心腹将士，低声吩咐道：“你带上这些妇女使用的头巾、发饰和衣服，送到魏军营寨，告诉司马懿，这是他‘英勇’的战袍。”将士领命而去，心中虽有些不解，但对诸葛亮的智谋深信不疑。

然而司马懿不为所动，心里暗想：“诸葛亮此举必是想激怒于我，诱我出战。我若不出兵，恐其他将士怨我惧敌，我军士气必会下降；我若出兵，必陷蜀军之围。不如我先上表皇帝，皇帝自然不允许我贸然出兵，这样一来，手下将士们也就不会有怨言。”

于是，他上表魏明帝曹叡，请求出战。果然，曹叡派遣卫尉辛毗前来制止，命令司马懿坚守不出。

长时间的对峙让蜀军面临着巨大的压力。就在这时，盟军吴国退兵的消息传来，对诸葛亮来说无疑是雪上加霜。他深知，吴国退兵不仅削弱了北伐的联盟力量，更让蜀军陷入了孤军奋战的境地。本来就病魔缠身的诸葛亮经此变故，病情更是日益恶化。

盟军吴国退兵的原因，诸葛亮心中也略有所知。一方面，魏国在两线作战的压力下，迅速做出应对，领大军东征，使得吴国面临巨大的军事压力。孙权围攻合肥新城不利，选择撤军以保存实力，是明智之举。另一方面，孙、刘联盟虽然表面上亲密无间，但实则内在矛盾重重。吴国往往出于自身利益的考量，行动并不完全与蜀汉协调一致。这次北伐，吴国虽然也发动了对曹魏的进攻，但双方出战的时间差明显，未能形成有效的配合。

诸葛亮躺在病榻上，望着营帐外的天空，心中充满了无奈和遗憾。他深知，自己一生的抱负和理想可能就要在这五丈原上化为泡影。他想起了自己与先帝刘备的誓言，想起了自己为了蜀汉的兴亡而付出的心血和努力，心中不禁涌起一股酸楚。

然而，命运似乎并不眷顾这位伟大的丞相。他的病情越来越严重，最后连起身都困难了。

五丈原之战是诸葛亮北伐的最后一战，也是三国时期蜀汉和曹魏之间的一场重要战役。硝烟尚未消散，这片热血沸腾的土地充满着喧嚣与厮杀的回响。诸葛亮躺在病榻上，微弱的烛光映照着他苍白而疲惫的脸庞。他知道，自己的时日已所剩无几，但心中那份对蜀汉的热爱与责任却让他无法安然闭目。

营帐之内，烛光昏黄摇曳，投下斑驳的影子，气氛沉重而压抑。姜维、杨仪等一众将领围坐在诸葛亮的床榻旁，他们的眼神中充满了忧虑与不舍，静静地注视着这位即将离他们而去的智者。

诸葛亮躺在病榻上，面色苍白如纸，气息微弱而急促。他的双眼深陷，但眼神中依然闪烁着坚定的光芒。他强撑着病体，缓缓开口，声音虽弱却充满力量："我知道自己时日不多了，但心里还有未完成的志向。即使我死了，志向也不会磨灭。你们要继续前行，别忘了我们的初衷——北伐的大业。"

姜维听到这里，眼泪在眼眶里打转。他跪拜在地，双手紧握成拳，哽咽着说："丞相，您是我们军队的灵魂，怎么能轻易放弃呢？我们愿意誓死追随，一起为国家献身！您一定要挺住啊！"

诸葛亮微微摇头，艰难地抬起手，轻轻拍了拍姜维的肩膀，声音柔和而坚定："我知道你忠心耿耿，但天命难以违抗。我死后，军中的事务就由你和杨仪一起主持。你们两人要团结一心，不要内讧，这样才能保证蜀汉安稳。记住，北伐的路还很长，你们一定要坚持下去。"

说完，诸葛亮喘息了几口，仿佛连呼吸都变得异常困难。他转向杨仪，眼神中充满了信任与嘱托："杨仪，你心思细腻，行事稳重，我把后事交给你，很放心。我一生清贫，没什么财物。我死后，不用大张旗鼓，更不用修建豪华的陵墓，只需在定军山下找一块简朴的地方，用薄棺简葬就行。我所希望的，是蜀汉兴盛、百姓安康，不是陵墓的华丽能彰显的。你要记住，简葬不仅是一种风格，更是一种精神，一种不劳民伤财、体恤民情的态度。"

杨仪听到这里，心里一阵酸楚，泪水夺眶而出。他紧咬着下唇，哽咽着说："丞相，您一生为蜀汉鞠躬尽瘁，死而后已，怎么能这么简葬呢？我们应该为您修建陵墓，彰显您的功德，让后世子孙铭记您的伟业！"

诸葛亮淡然一笑，那笑容中透着一股超脱与淡然。他缓缓摇了摇头，声音虽弱却异常坚定："我的功德，不是陵墓能彰显的。我所希望的，是你们能继续北伐，光复汉室，这才是对我最好的祭奠。我死后，不要太过哀伤，要以大局为重。蜀汉的未来靠你们了。你们要记住我的遗志，不要忘记北伐的大业。

只有国家强盛了，百姓才能安居乐业。”

接着，诸葛亮又详细安排了撤退的路线、时机及后续的政治布局。他的声音虽然微弱，但每一句话都充满了智慧和决心。他叮嘱姜维要谨慎行事，不可轻举妄动；嘱咐杨仪要处理好军中事务，确保军队有序撤退，并安排好后续交接。

安排完一切后，诸葛亮仿佛耗尽了全身之力。他的眼神逐渐变得模糊，呼吸也变得越来越微弱。姜维、杨仪等将领见状，心中悲痛欲绝。他们知道，这位伟大的丞相即将离他们而去。

不久之后，诸葛亮溘然长逝，享年五十四岁。他的离世如同巨星陨落，让蜀汉上下沉浸在一片悲痛之中。五丈原上，秋风更加凛冽，仿佛也在为这位伟大的丞相哀悼。

智勇姜维承遗志，定军山下葬忠骨

蜀汉建兴十二年（234 年），诸葛亮“出师未捷身先死”，在五丈原病逝后，蜀国后主刘禅加封姜维右监军、辅汉将军，统率诸军，进封平襄侯，随后历任司马、镇西大将军，兼任凉州刺史、卫将军、大将军，朝廷授予符节。《三国志》记载，238 至 262 年之间，姜维共进行了十一次北伐。而下文要讲述的，是姜维在继承诸葛亮遗志后的第一战。

诸葛亮去世后，蜀军营地沉浸在一片悲痛之中，但将士们强忍着泪水，遵照丞相的遗命，秘不发丧。夜色如墨，营帐内的烛火摇曳，映照着每个人凝重而坚定的脸庞。姜维站在诸葛亮的帐前，望着那空荡荡的床榻，心中涌动着无尽的哀伤与责任。他深知，此刻的自己必须撑起这片天，带领蜀军安全撤退。

整顿军队的命令悄然传下，将士们默默收拾行装，整理军械，没有一丝慌乱。夜色中，蜀军营地宛如一座沉默的堡垒，只有偶尔传来的低沉马蹄声和甲胄碰撞声，才透露出一丝生机。

而魏军营地的司马懿却还在琢磨着诸葛亮的下一步动作。他万万没想到，那位与他对峙百余日的对手已经悄然离世。当探子终于带来诸葛亮病逝的消息时，司马懿先是一愣，随即眼中闪过一丝惊喜，但很快又被谨慎所取代。

司马懿迅速集结大军，准备追击蜀军。他深知，这是消灭蜀军、立下赫赫战功的绝佳机会。然而，他率领大军赶到蜀军营地时，却只见一片空旷，蜀军已经撤得无影无踪。

此时，姜维正率领着一支精锐部队，埋伏在魏军必经之路上的一片密林之中。他深知司马懿多疑，于是巧施疑兵之计。密林中，蜀军将士们或隐或现，旗帜飘扬，仿佛有大军埋伏。同时，姜维还命人故意制造出声响，让司马懿误以为蜀军已经设下埋伏，只等魏军入瓮。

司马懿率军赶到密林前，望着那片看似危机四伏的林地，心中不禁泛起嘀咕。他深知诸葛亮的智谋，也深知姜维机智，生怕一不小心就中了蜀军的埋伏。他派出探子前去侦察，探子回报密林中确实有蜀军的踪迹，而且似乎人数不少。

司马懿闻言，心中一惊。他望着那片密林，眼中闪过一丝犹豫。最终，他还是决定谨慎行事，不冒这个险。他命令大军后撤，远离那片可能的埋伏之地。

就这样，姜维的疑兵之计成功吓退了司马懿。蜀军在姜维的带领下，安全地撤回了汉中。一路上，将士们虽然心中悲痛，但也为能够安全撤退而感到庆幸。他们深知，这一切都是丞相诸葛亮用生命换来的。而姜维也用自己的智谋和勇气，证明了自己不负丞相的重托。

战后，司马懿亲自到诸葛亮驻军的营垒处所察看，他望着那空荡荡的营寨，心中不禁涌起一股敬意。他感叹："真是天下的奇才啊！"司马懿深知，自己虽然在与诸葛亮的对峙中取得了胜利，但这并不意味着他比诸葛亮更优秀。相反，他深知诸葛亮的智谋和才华，是他一生都无法企及的。

姜维回成都后，刘禅对姜维给予了高度的信任和支持，他深知自己肩上的担子有多重。诸葛亮虽然离世，但他的遗志却如同明灯，照亮着姜维前行的道路。姜维心中暗自发誓，一定要继承丞相的遗愿，继续北伐中原，恢复汉室。

按照诸葛亮的遗愿，杨仪等人将他简葬于定军山下。没有华丽的陵墓，没有贵重的陪葬品，只有一片黄土和无尽的哀思。但在每个人的心中，诸葛亮的精神和智慧却如同璀璨的星辰，永远照耀着蜀汉的天空。他的简葬之风也在后世传为佳话。人们称颂他是高风亮节、清正廉洁的典范。他的遗志和北伐的大业也激励着后人不断前行，为国家的强盛和百姓的安居而努力奋斗。

第六章

明政之治：诸葛亮的治国“秀”

诸葛亮的政治生涯中有着许多闪耀时刻，他轻徭薄赋，抑豪强，兴农重商，治水安邦，全面推动了蜀汉发展。从农业到手工业，从水利到民生，这不仅是一场诸葛亮自己的治国韬略“秀”，更是蜀汉从新生到壮大的历史写照。

要兴国运，得先让大伙儿吃饱饭

诸葛亮深刻认识到农业乃国之根本、民之生计，因此在他的从政生涯中，提出了一系列旨在促进农业生产、提高粮食产量、保障民生的农业政策，如减轻赋税，抑制豪强；实行屯田政策，解决军粮问题；设立农官，推广农耕技术；务农殖谷，闭关息民等。

减轻赋税，抑制豪强

在农业税收政策上，诸葛亮主张减轻百姓负担，实行轻税薄赋。《三国志·后主传》注引《诸葛亮集》载："有能劝课农桑者，厚赏之；不务农桑者，罚之。"诸葛亮不仅通过奖励机制鼓励地方官员和百姓积极发展农业，还亲自过问赋税征收情况，确保赋税合理，不增加百姓负担。他深知，过重的赋税会挫伤百姓的生产积极性，导致土地荒芜，粮食减产。

同时，诸葛亮还大力抑制豪强地主的势力。在蜀汉初期，豪强地主占有大量土地，却往往不事耕作，而是依靠租佃关系剥削百姓。诸葛亮通过立法手段限制豪强地主的土地占有量，鼓励他们将土地出租给无地或少地的农民耕种，并规定合理的租佃条件，保障农民的利益。这一政策有效遏制了豪强地主的势力扩张，促进了土地资源的合理分配和利用。

在刘备进入益州之前，益州牧刘璋性格懦弱、治理不力，导致官场混乱，社会财富主要积聚在少数富豪手中，普通百姓生活艰难，民怨沸腾。

面对这一局面，诸葛亮力劝刘备摒弃前嫌，继续任用刘璋时期那些才华出众且关心民生的官员，以确保政务平稳过渡。例如，他提拔蒋琬为丞相府的重要官员，并任命具有卓越财政管理能力的刘巴来掌管国家财政。

那一日，诸葛亮召集了益州的官员们，商讨治理之策。他环视四周，语气坚定地说："益州之根本在于农业，我们必须重视农耕，增产粮食，闭关修养民生。此乃我治理益州之首要任务。"

一位官员担忧地说："可是，益州富豪众多，他们兼并土地，导致农民生活困顿，良田荒芜，这该如何是好？"

诸葛亮沉思片刻，然后缓缓说道："我早已有此考虑。我们将实施'专注农业发展，不夺农时；减轻赋税负担，不耗尽民财'的政策。同时，为了打击富豪的兼并行为，我将颁布'丈田令'，核实土地面积，增加国家税收。"

另一位官员担忧地问："富豪们岂会轻易就范？他们定会抵制此令。"

诸葛亮眼中闪过一丝冷峻："我深知此令实施之难，但为益州之未来，我必坚定不移。对于那些抵制丈田令的富豪，我将依法严惩不贷。"

某日，诸葛亮来到一处村庄，只见村民们围在一起议论纷纷。他走上前去，询问缘由。原来，当地富豪拒绝配合土地测量和税收缴纳工作，还威胁要增加农民的税负。

诸葛亮闻言，眉头紧锁。他当即决定亲自前往这位富豪府中，与其面谈。

面对诸葛亮的到来，此人显得颇为傲慢。他冷冷地说："诸葛大人，你为何要如此为难我等富者？我们为益州也做出了诸多贡献。"

诸葛亮正色道："你身为益州之民，本应为国为民效力。然而你却兼并土地，剥削农民，此乃罪大恶极。我颁布丈田令，旨在维护益州之稳定与繁荣。你若识时务，便速速配合；否则，我将依法严惩。"

富豪闻言，脸色铁青。但他仍试图顽抗，拒绝配合丈田令。

诸葛亮见状，果断下令将他依法处决，并当众销毁其土地契约，将田地重新分配给佃农或无地农民。此举震慑了益州的富豪们，丈田令得以顺利实施。

诸葛亮坚决推行丈田令，严厉打击富豪兼并，确保民生稳定无忧。此举不仅彰显了其卓越的政治智慧，更体现了他非凡的领导力，其治国才能得到了刘备与朝臣们的一致认可。

实行屯田政策，抵御外虞侵扰

一日，诸葛亮召集了军中将领和地方官员，共同商讨如何解决军粮不足的问题。

“诸位，如今蜀汉初定，外有强敌环伺，内有流民待安。吾欲推行屯田之制，以军屯安军心，以民屯稳民生。不知诸位意下如何？”诸葛亮缓缓说道。

一位将领立即响应：“丞相大人此举英明！军屯可让士兵在战斗之余参与农业生产，既锻炼了体魄，又充实了军粮。我等全力支持！”

地方官员也纷纷点头表示赞同：“民屯则可安置流民，开垦荒地，增加粮食产量。官府提供土地、农具，屯田户只需按比例缴纳地租，既可安心农耕，又无须服兵役、徭役。此策实乃利国利民之举！”

诸葛亮的屯田制在蜀汉时期是一项重要的农业政策，主要分为军屯和民屯两种形式。

《三国志·诸葛亮传》载：“（诸葛亮）于是外连东吴，内平南越，立法施度，整理戎旅，工械技巧，物究其极，科教严明，赏罚必信，屯田积谷，不有外虞。”这里的“屯田积谷，不有外虞”，即指推行屯田制度，应对外虞侵扰。

军屯以军营为单位，士兵在战斗之余参与农业生产，每营都配有一定数量的佃兵，负责耕种土地。这些土地主要来源于无主荒地或国家控制的土地，通过屯田的方式得以有效利用。为了确保屯田活动的顺利进行，诸葛亮设立了典农机构来负责管理，使得军屯制度能够有序实施。

而民屯则是主要组织流民和无地农民进行屯田。官府提供土地、农具和耕牛等生产资料，帮助屯田户开展农业生产。这些土地来源于官府控制的国有土地，分配给屯田户后，他们按一定比例缴纳地租。屯田户按军事编制固定在土地上，一般不服兵役和徭役，可以专门从事农耕。官府同样通过典农机构对民屯活动进行监管和指导，确保屯田制度顺利实施和农业生产顺利进行。这两种屯田形式的推行，不仅解决了军队粮草和流民生计问题，也促进了农业生产的恢复和发展。正如《三国志·后主传》所载：“（蜀汉）田畴辟，仓廪实，器械利，蓄积饶。”这便是对诸葛亮农业政策成效的最好诠释。

置盐铁、尚蜀锦，引领手工业风潮

蜀地自古以来便是物产丰饶、人文荟萃之地，盐铁与蜀锦更是这片土地上的两大宝藏。盐作为生活的必需品，其开采与贩卖历来为国家所重视；蜀锦则以精湛的织造技艺和绚丽的图案闻名遐迩，成为蜀地手工业的瑰宝。

诸葛亮这位深谋远虑的丞相，深知要振兴蜀汉，必须充分利用这些资源。于是，他将目光投向了盐铁与蜀锦，决心通过这两项产业来充实国库、强兵富民。

这日，在丞相府中，诸葛亮手持羽扇，轻摇慢摆，与一众官员商议国事。他缓缓开口，提出了自己的计划："吾观蜀地，物产丰饶，但盐铁之利未尽其用，蜀锦之艺亦未得广传。吾欲置盐铁之官，以规范开采，控制市价，保民生；同时兴蜀锦之业，提升品质，广销路。不知诸君意下如何？"

众臣听后，纷纷表示赞同，但也有人提出需谨慎行事，以免扰民伤财。诸葛亮微笑回应，表示已深思熟虑，盐铁之政当以民生为本，蜀锦之业当以技艺为魂，不可妄取亦不可粗制。

随即，诸葛亮派出了专员前往各地考察盐铁之产。他们深入矿山，了解盐矿、铁矿的开采情况；走访市集，调查盐铁的价格和销售情况。经过一段时间的考察，专员们传来了佳音：盐矿铁矿之开采已初具规模，盐铁之官营也渐入正轨。市价得以控制，民生得以保障，国库亦因此而充盈。

与此同时，诸葛亮也亲自带着一行随从，探访了成都的织造坊。他深知，蜀锦之业要兴盛，必须提升品质、拓宽销路。在织造坊中，诸葛亮见织女们手指翻飞，丝线穿梭，一幅幅绚丽多彩的蜀锦在她们手中渐渐成形。他驻足观看，眼中满是赞赏。

在与织造师傅的交流中，诸葛亮了解到蜀锦织造的难点在于图案设计缺乏新意。他沉思片刻后，提出了自己的见解："吾观天下万物，皆可入画。汝等可多观察自然之景、人文之事，将之融入蜀锦之中，必能创出新意。再者，吾欲请画师前来，与汝等共同设计图案，以增蜀锦之艺术价值。"

织造师傅们听后大喜过望，连声称谢。他们深知，有了诸葛亮的支持和指导，蜀锦之业必将迎来新的辉煌。

在随后的日子里，诸葛亮不仅亲自督导蜀锦的织造过程，还积极寻找拓宽销路的途径。他派人与各地的商人联系，提高蜀锦的知名度和美誉度；同时，也鼓励织造坊创新设计、提升品质，以满足市场的需求。

经过一段时间的努力，蜀锦之业果然迎来了新的突破。蜀锦的品质得到了显著提升，销路也越来越广。

诸葛亮的举措不仅使得蜀锦之业兴盛一时，更带动了整个蜀汉手工业的发展。成都因此而得名“锦官城”，成为天下闻名的手工业中心。而盐铁之政的实施也使得蜀汉国库充盈、兵强马壮。

两道治水政令，蜀中泽国变沃疆

重生的都江堰，一道滋养“天府”的屏障

蜀汉建兴年间，诸葛亮挥师北伐曹魏，然而心中始终挂念着蜀地的根本——都江堰。他深知，这座由李冰父子匠心独运建造的水利工程，是蜀地农业之根本、国家经济之支柱。为保都江堰永世安澜，诸葛亮决定在繁忙的军事之余，亲自过问并筹划其维护与管理事宜。

都江堰历经岁月洗礼，依旧滋养着这片沃土。在诸葛亮的精心筹谋下，它犹如枯木逢春，再度焕发勃勃生机。春日里，阳光和煦，微风徐来，都江堰畔柳绿桃红，一片生机盎然。诸

葛亮一袭素衣，脚蹬布履，悠然漫步于堰堤之上。他凝视着那潺潺江水，心中思绪万千。

这时，一位老练的堰工走上前来，恭敬地行了一礼，问道：“孔明先生，您亲临此地视察都江堰，莫非对治水有何妙策？”

诸葛亮淡然一笑，轻捋长须，目光中闪烁着智慧的光芒。“堰官之设，实为治水智慧之要。吾欲委派专官，负责都江堰之维护与管理，确保其安澜无恙。”

他随即对几位年轻官员详细说道：“堰官之选，需德才兼备。吾欲选拔精通水利之人，任其职，责其任。尔等需定期巡查，及时修缮，以保都江堰安澜。且要制订详细规程，明确职责，使后世有章可循。”

年轻官员们闻言，纷纷表示：“丞相高见！我等定当竭尽全力，不负所托。定当选拔贤能，恪尽职守，确保都江堰无虞。”

诸葛亮颔首微笑，对年轻官员的决心表示赞赏。然而，他心中明了，委任堰官仅为治水之策的一隅，更为关键的，乃推行岁修之制。他转身望向滔滔江水，缓缓言道：“岁修之制，实为都江堰之定制保险。每年砂石沉积甚多，若不及时清理，渠首必遭淤塞。因此，吾欲推行岁修之制，每年定期对都江堰进行修葺与维护。”

说罢，诸葛亮从匣中取出一物，递给年轻官员。那是一件用坚硬石料雕琢而成的测量工具，其上刻有精细刻度，名曰“石标尺”。他解释道：“此石标尺，用以丈量江水之深浅、砂石之厚薄。每至岁修之时，工匠们需仔细丈量渠首各部位之尺寸。如此，方能确保修葺工作精准无误。”

年轻官员接过石标尺端详，心中对诸葛亮的智慧与匠心佩服得五体投地。

随着岁修之制的顺利实施，都江堰再度焕发出勃勃生机。春日里，稻田绿油油一片，市井繁华喧嚣，百姓们欢声笑语，无一不是都江堰之恩赐。诸葛亮屹立于都江堰之畔，凝视着这片他深爱的土地，心中充满自豪与欣慰。

九里堤，一条守护蜀疆的防洪“巨龙”

据《成都通史》所载，九里堤这一古老而宏伟的工程，原堤横跨郫江东岸，宛如一条巨龙蜿蜒盘旋，绵延十余里，人称“九里长虹”。此堤虽始建于李冰之时，但历经风雨侵蚀，早已破败不堪。然而，在诸葛亮执掌蜀国政务之后，这座古老的堤坝得以重获新生。

那日，诸葛亮正埋首于案牍之间，忽闻西北郊之柏条河再次泛滥成灾，洪水如猛兽般肆虐，百姓流离失所。他心急如焚，当即决定亲自前往视察。天空阴沉，暴雨如注，雷声轰鸣，仿若天公发怒，要将这大地吞噬。诸葛亮身披斗篷，手持雨伞，立于河边，目睹河堤崩塌，洪水汹涌澎湃，心中痛如刀绞。

“此堤若不修，百姓何以安生？”诸葛亮沉思道，眼中闪过一丝坚定与决心。他当即下令调集工匠民夫，重修堤坝，誓要保一方百姓安宁。

修堤之际，一位白眉老人拄着拐杖步履蹒跚地路过此地。他虽年迈，目光却如火炬般明亮，透露出一种深邃的智慧。老人望着那新筑的堤坝，摇头叹息，似有所感。

诸葛亮见状，心中生疑，赶忙上前施礼道：“老者，何故叹息？此堤新修，莫非有何不妥？”

老人抬头，望了诸葛亮一眼，眼眸中满含沧桑与智慧。他并未多言，只是轻轻留下了一个“九”字，便飘然而去。

诸葛亮望着老人的背影陷入了沉思。他反复琢磨着那“九”字的奥秘，却始终不得其解。

次年夏日，洪水如期而至，如猛兽般汹涌澎湃。那新修的三里河堤在洪水的猛烈冲击下，再次崩塌。洪水肆虐，百姓苦不堪言。

诸葛亮站在崩塌的堤坝前，心中五味杂陈。他望着那滔滔洪水，痛定思痛，突然回想起老人留下的那个“九”字。他口中反复念叨：“三里河堤，三、三、三……”恍然大悟之下，他终于明白了老人的用意。

“原来如此！”诸葛亮拍案而起，“老人是在暗示我，堤坝的长度不够，无法抵御洪水的猛烈冲击。我若早知此意，何至于此？”

于是，诸葛亮决定重新设计并修建一座长达九里的防洪大堤。他亲自督工，夜以继日地奋战在修堤一线。工匠民夫们挥汗如雨，干劲冲天，仿佛要将所有的怨气和苦难都化作力量，筑起这道坚不可摧的防线。

终于，在众人的共同努力下，九里堤建成了。它坚如磐石，巍峨壮观，宛如一道坚不可摧的屏障，守护着蜀地的安宁与繁荣。洪水再也无法肆虐，百姓们安居乐业，对诸葛亮的感激之情溢于言表。

“诸葛丞相，您真是我们的救星啊！”一位老者拉着诸葛亮的手，热泪盈眶地说道，“若没有您修建这道九里堤，我们恐怕早已无家可归了。”

诸葛亮微笑着摇了摇头，说道：“此乃我应尽之责，何足挂齿？只要百姓能安居乐业，我便心满意足了。”

为了感谢诸葛亮筑堤治水的恩德，百姓们亲切地将这座大堤称为“诸葛堤”。此名流传至今，成为诸葛亮智慧与爱民的象征。

其实，关于九里堤确切修建年代及与诸葛亮的关联，历史上仍存争议。防洪工程乃长期之事，非一人一时所能及。九里堤作为蜀地防洪屏障，其修缮与加固凝聚了先人智慧。故诸葛亮重修之说，有一定可信度，但更蕴含着一份对文化的传承和对智者的敬仰。

第七章

智勇之战：诸葛亮的军事“秀”

诸葛亮运筹帷幄之中，军事才华熠熠生辉。他巧布八阵图，神威赫赫，令敌胆寒；创木牛流马，使得蜀道天堑变通途，如履平川；设计损益连弩，一箭穿心，威力无敌。蜀中英豪汇聚，皆智勇双全，而诸葛亮更是其中的佼佼者。且看他如何妙用这些神兵奇阵，在乱世烽火中铸就一段不朽的传奇。

揭秘八阵图，这神威谁顶得住？

建安十九年（214年），刘备历经艰难险阻，终于攻克益州，蜀汉的基业由此初具规模。在这场波澜壮阔的西南征途中，诸葛亮不仅是后勤的运筹者，更是智谋的策源地。他运筹帷幄，决胜千里，其军事才能再次得到了彰显。然而，对于诸葛亮而言，真正的军事舞台才刚刚开始拉开序幕。

益州既定，北伐曹魏的宏伟蓝图被提上了日程。诸葛亮深知，要克复中原，不仅要有稳固的后方，更需创新的战术与雄厚的军力作为支撑。于是，他对蜀军进行了一系列深刻的改革，其中最为人称道的便是创制的“八阵图”。

《三国志·蜀书·诸葛亮传》中载道：“亮性长于巧思，损益连弩，木牛流马，皆出其意；推演兵法，作八阵图，咸得其要。”八阵图作为诸葛亮军事智慧的结晶，不仅体现了他对古代兵法的深邃理解，更是他在实战中的独到创新。据传，八阵图以天、地、风、云、龙、虎、鸟、蛇为基，变幻莫测，既可用于固守，又能迅速转为攻势，宛如一部生动的兵法宝典。

八阵图乃诸葛亮根据《周易》八卦原理所创制的一种复杂而精妙的军事阵法。此阵以天、地、风、云为四正，以龙、虎、鸟、蛇为四奇，共成八阵。布阵时，各阵之间相互配合，变化无穷。八阵图中，左为青龙阵，右为白虎阵，前为朱雀阵，后为玄武阵，中间则由大将居中指挥，调度各阵。八阵图的玄妙之处，主要体现在以下几个方面：

第一，布局巧妙，变幻无穷。八阵图并非一个静态的固定布局，而是充满动态变化的系统。阵内精心设置了生、伤、休、杜、景、死、惊、开八门，每一门都承载着特定的功能与作用。在战斗中，诸葛亮能依据敌情的瞬息万变，灵活调整阵形，让敌人难以捉摸其规律。

第二，阵内石堆错落，云雾缭绕，方向难辨。敌人一旦踏入阵中，便如同陷入了一个无尽的迷宫，寻找出路变得异常艰难。诸葛亮还巧妙地利用声音、光影等自然元素，营造出阵内诡异莫测的氛围，进一步干扰敌人的判断与决策。

第三，兵种协同，攻守兼备。八阵图并非单一的步兵阵形，而是融合了步兵、骑兵、弩兵和车兵等多种兵种。在战斗中，各兵种能够紧密配合，充分发挥各自的特长。例如，当敌军骑兵发起冲锋时，车兵能迅速组成坚固的防御工事，有效拦截马匹；弩兵则以战车为掩护，利用诸葛连弩进行远程精确射击；

待敌军气势受挫、阵脚大乱之际，步兵再从后方杀出，展开近战搏击。这种多兵种的协同作战模式，使得八阵图既具备强大的防御能力，又拥有出色的攻击力量。

第四，心理战术，瓦解敌志。八阵图不仅是一种军事阵法，更是一种深邃的心理战术。敌人一旦进入阵中，面对那云雾缭绕、方向难辨的诡异环境，很容易产生恐惧和迷茫的心理。同时，诸葛亮还善于利用变化莫测的八阵图，制造敌人内部的混乱与动荡。敌人看到蜀军阵形不断变化、难以捉摸时，很容易产生疑虑和动摇，从而丧失战斗意志和信心。

第五，适应性强，运用灵活。八阵图具有极强的适应性，能够根据不同的地形和敌情进行灵活调整与部署。无论是广袤的平原、险峻的山地还是起伏的丘陵地区，诸葛亮都能根据地形特点巧妙布置八阵图，让敌人难以应对和破解。此外，诸葛亮还能根据敌情的变化和发展，随时调整八阵图的战术运用方式。在追击敌人时，可以利用八阵图来迷惑敌人，使其难以逃脱；在防守时，则可以依靠八阵图来抵御敌人的猛烈进攻。

八阵图的奥妙在于其灵活多变，难以捉摸。史书中虽未详尽记载其具体布阵之法，但后世兵家多将其视为古代阵法的巅峰之作。甚至有传说，诸葛亮曾以石堆成阵，亲自演示给蜀军将士，使得蜀军的战斗力大增，对敌时更加游刃有余。

在小说演义与民间传说中，诸葛亮所创八阵图的首次实战应用，是在南征孟获之时。随着南中的平定，诸葛亮将目光投向了北方。建兴六年（228年），他发动了第一次北伐。此次北伐，诸葛亮不仅动用了他精心训练的蜀军，更将八阵图运用得淋漓尽致。据《汉晋春秋》记载，诸葛亮在祁山一带布下八阵图，使得魏军不敢轻易追击。这一战术布局有效保障了蜀军的撤退路线，确保即使北伐未能取得全面胜利，蜀军也能安然撤回。

八阵图不仅在当时威震敌国，更在后世得到了广泛的应用和传承。西晋名将马隆在作战时，便依据诸葛亮的八阵图制作了偏箱车，根据地形灵活运用，取得了显著战果。据《晋书·列传第二十七·马隆传》记载："隆依八阵图作偏箱车，地广则布鹿角车营，路狭则为木屋置于车上，且战且前，弓矢所及，应弦而倒。"这间接证明了八阵图在当时的军事实践中得到了应用，也反映了诸葛亮八阵图的影响力。

东晋桓温在行军途中，也亲眼见证了诸葛亮八阵图的遗迹。据《晋书·列传第六十八·桓温传》记载，桓温在鱼复（今重庆奉节）平沙之上看到了诸葛亮布置的八阵图，用石头垒成八行，行与行之间相距二丈。桓温称赞这是"常山蛇势"，即阵法灵活多变，难以捉摸。当时在场的文武官员都未能领悟其精妙之处。这进一步证实了诸葛亮创制八阵图的历史事实。

据《八阵图碑记》记载，诸葛武侯之八阵图在蜀者有二，一在夔州永安宫，一在新都弥牟镇（弥牟镇原属新都县）。目前，永安宫八阵图遗址已不存在，而成都青白江弥牟镇的八阵图遗址至今仍然存在。那里保存着六个土垒，每个土垒高不到两米，大小相近，高矮相当，成圆锥状，均散落在竹林中。其中三个土垒基座完好，另外三个则已被破坏成半垒状。每个土堆周围五米内都被纳入了保护范围，其间建筑物拆除的痕迹犹存。

虽然历史的尘埃已掩盖了许多细节，但八阵图作为诸葛亮军事智慧的象征，依旧在历史的长河中熠熠生辉。它不仅是古代兵法的瑰宝，更是后世兵家研究与学习的典范。无论是在军事战术的传承上，还是在文化传说的流传中，八阵图都展现了其永恒的魅力和深远的影响。

木牛流马，蜀道天堑变通途

在建兴年间，诸葛亮肩负着恢复汉室江山的重任，多次挥师北伐。然而，蜀道之险峻，如同天堑一般横亘在蜀汉与中原之间，成为北伐大军运送作战物资难以逾越的障碍。面对这一难题，诸葛亮以其卓越的智慧和巧思，发明了木牛流马，将蜀道的天堑变为了通途。

《三国志·蜀志·诸葛亮传》中明确记载："亮性长于巧思，木牛流马，皆出其意。"这短短几句话揭示了木牛流马背后的深刻意义。它不仅是一种运输工具，更是诸葛亮对战争后勤运输问题的独特思考和解决方案。

对于木牛流马的起源，有观点认为它可能并非诸葛亮的全新发明，而是基于已有技术的改进。例如，有一种说法是诸葛亮在鲁班发明的木马基础上进行了改进，制成了木牛流马。然而，这一观点并未得到广泛认可。史书中明确记载木牛流马出自诸葛亮的巧思，而且其在实际应用中的效果也充分证明了诸葛亮的创新之处。

关于木牛流马的具体形态和构造，由于史料缺失，后人难以完全复原。裴松之为《三国志》作注时，引用了已失传的《诸葛亮集》中关于木牛流马的记载，其中详细描述了木牛的形象和部分流马的尺寸。但遗憾的是，由于没有实物或图形存世，我们对木牛流马的具体形态只能停留在想象之中。宋代高承的《事物纪原》则为我们提供了一些线索，称木牛为“小车之有前辕者”，流马即“今独推者”。这些描述虽然简略，却为我们勾勒出了木牛流马的大致轮廓。

相传，这种运输工具利用了杠杆原理和齿轮传动，能够自动行走，不依赖任何外力。这种设计在当时是一项巨大的技术突破，极大地提高了运输效率，减少了人力和物力的消耗。木牛流马还配备了自动转向装置，进一步提升了其运输效率。木牛流马的功能非常强大。它不仅能够自动行走，还能在复杂地形中顺利行驶，甚至具备自动避开障碍物的功能，类似于古代的“智能机器人”。此外，木牛流马还具有防盗功能，如果在运输过程中被敌军发现或拦截，可以通过插入榫头使轮子无法转动，从而保护粮草不被敌军抢走。

再将目光转向建兴九年（231 年），此时的诸葛亮迎来了第四次率军出祁山北伐曹魏的一战。这一次，他的心中怀揣着一个新的希望——木牛，这一他亲手设计的运输神器，将首次在战场上亮相。

蜀道崎岖，山峦起伏，对于运输来说无疑是巨大的挑战。然而，诸葛亮却面带微笑，凝视着那一列列排列整齐的木牛，眼中闪烁着智慧的光芒。

“丞相，这木牛真如您所说，能提升运输效率吗？”一名将领半信半疑地问道。

诸葛亮轻轻抚了抚胡须，自信地笑道：“尔等且看便是，木牛之力，非同小可。”

随着命令的下达，木牛开始自动缓缓行进。它们载着沉重的粮草和兵器，在崎岖的蜀道上如履平地。士兵们目睹此景，纷纷惊叹不已。

然而，天有不测风云。北伐之路并非一帆风顺，由于种种原因，粮草逐渐耗尽，蜀军面临着前所未有的困境。诸葛亮眉头紧锁，凝视着地图，心中默默盘算着退军之策。

“丞相，我们该如何是好？”一名将领焦急地问道。

诸葛亮叹了口气，眼中闪过一丝无奈：“事已至此，只能退军。但木牛之用，已证其效，此乃我军之幸。”

尽管北伐未能如愿，但木牛的表现却让诸葛亮备感欣慰。他知道，这一创新之举已经将蜀军的运输效率显著提升。

时光荏苒，转眼到了建兴十二年（234 年）春。诸葛亮再次悉数出动大军，由斜谷而出。这一次，他带来了经过改进的流马。

流马作为木牛的升级版，更加适应蜀道的崎岖地形。它们身形矫健，步伐稳健，载着粮草和兵器在蜀道上稳健行进。士兵们看着这些流马，眼中充满了敬畏和钦佩。

“丞相，这流马真是神妙无比！”一名将领赞叹道。

诸葛亮微笑着点了点头：“流马之力，更胜木牛。有此利器，我军何愁北伐不成？”

在流马的助力下，蜀军据守武功五丈原，与司马懿的魏军对峙于渭南，为蜀军提供了源源不断的后勤支持。

尽管诸葛亮病逝于五丈原，没有迎来最后的胜利，但木牛流马作为诸葛亮智慧与创新的结晶，却永远地留在了历史的长河中，成为后世传颂的佳话。它们不仅见证了诸葛亮为恢复汉室江山所付出的艰辛努力，更彰显了人类在面对自然与战争时所展现出的无限创造力。

损益连弩，一箭穿“心”的利器！

在丞相府中，诸葛亮眉头紧锁，凝视窗外，心中默默描绘着北伐的宏伟蓝图。此时的魏国在曹操多年的精心治理下，已崛起为三国之中的霸主，其军事力量异常雄厚。魏国军队兵强马壮，士兵们训练有素，战斗力极强；装备方面更是精良无比，铁剑锋利，弩箭强劲，杀伤力极大。加之曹操、夏侯惇等一众军事奇才运筹帷幄，魏国军队如虎添翼。诸葛亮深知，若无新策，北伐难成。他决心创新，寻求克敌之法，或改良兵器，或创新战术，才能与魏抗衡，实现北伐大业。

诸葛亮的书案上堆满了各种史籍和兵法。他轻轻翻开一本泛黄的《墨子》，其中《备高临》篇关于“连弩之车”的记载吸引了他的注意。这种利用机械之力连续发射箭矢的武器，虽然起源于先秦时期，但显然还有很大的改进空间。

“先贤之智，不可小觑。”诸葛亮喃喃自语，心中萌生了一个念头：何不在此基础上，创造出一种更加威力巨大的连弩呢？

于是，诸葛亮夜以继日地研究。他仔细研读了《墨子》中关于连弩的描述，又参考了其他史籍中关于兵器的记载，结合自己的多年征战经验，开始构思新的连弩设计。

一天深夜，营帐内灯火通明，诸葛亮伏在案上，手中拿着笔，在纸上勾画着连弩的草图。他时而沉思，时而挥笔，眼中闪烁着智慧的光芒。

“丞相，您已经好几天没好好休息了，身体要紧啊！”一名亲信走进营帐，关切地说道。

诸葛亮抬起头，笑了笑说：“无妨，我心中有数。这连弩关乎我军胜负，不可懈怠。”

经过无数个日夜的苦思冥想和反复试验，诸葛亮终于设计出了损益连弩。他巧妙地运用了杠杆原理，通过增加箭槽和改良发射机制，使得一次装填后可连续发射十矢乃至更多。

“此弩名为损益连弩，意为在原有基础上进行损益，取其长处，补其短处。”诸葛亮向将士们展示着新设计的连弩，眼中充满了自信。

一名将领好奇地问道：“丞相，这连弩与先前的有何不同？”

诸葛亮微笑着解释道：“此弩不仅射速大幅提升，而且在杀伤力与射程上也实现了质的飞跃。我选用了铁制箭矢，增强了箭矢的穿透力和杀伤力。而且，我还对发射机制进行了改良，使得操作更加简便，士兵们可以更快地装填和发射。”

几日后，诸葛亮召集了各路将领和智谋之士，在营帐内召开了一次军事会议。

“诸位，损益连弩已成，其威力巨大，但我等需将其融入整体战术，方能发挥最大效用。”诸葛亮开门见山地说道。

一名步兵将领率先发言：“丞相，我步兵部队多正面作战，若能将损益连弩配备于前，定能给予敌军重创。”

诸葛亮点了点头：“步兵正面作战，损益连弩可作为远程火力支援，密集发射箭矢，打乱敌军阵脚。但需注意，连弩射速虽快，但装填时间相对较长，需合理安排射击时机和装填时间。”

接着，一名骑兵将领说道：“丞相，我骑兵部队机动性强，连弩的携带和装填可能会成为负担。因此，我建议骑兵部队可配备少量连弩，用于关键时刻的突袭或追击。”

随后，一名熟悉山地战的将领发言：“丞相，山地地形复杂，敌军往往依托山势进行防御。损益连弩的远程火力可覆盖敌军防线，为步兵进攻提供有力支援。”

就这样，诸葛亮巧妙地将连弩与步兵、骑兵以及山地战、攻城战等战术相结合，形成了独具特色的战术风格。

在北伐战场上，蜀军以损益连弩构成了密不透风的火力网。连弩齐发之时，箭矢如雨点般密集，划破长空，带着凌厉的气势直扑魏军。魏军的骑兵在连弩的密集火力下，马不能前，人不得顾，原本势如破竹的冲锋被有效遏制。蜀军将士目睹此景，士气大振，呐喊声震天响地，一度占据了战场的主动权。损益连弩的嗖嗖箭声与蜀军的欢呼声交织在一起，汇成了一曲激昂的战歌。

此外，诸葛亮还巧妙地利用地形之利，将连弩布置于城墙之上。城墙巍峨耸立，宛如一道坚不可摧的屏障，而连弩则是这道屏障上最锋利的刺。当魏军试图攻城时，连弩齐发，箭如雨下，犹如天罗地网，让魏军无处可逃。魏军士兵在箭雨的洗礼下纷纷倒下，死伤惨重。那惨烈的场景让魏军心惊胆战，不得不狼狈撤退。

在山地作战中，诸葛亮充分利用损益连弩的远程打击能力，配合山地的复杂地形，对敌军进行远程消耗。待敌军疲惫不堪时，再派步兵、骑兵出击。而在攻城战中，连弩则成为破坏敌城墙防御、压制城头守军的重要利器，为后续步兵登城创造了有利条件。

《三国志 · 蜀书 · 诸葛亮传》记载："亮性长于巧思，损益连弩，木牛流马，皆出其意。"

裴松之注引《魏氏春秋》详细描述了诸葛连弩的特点："亮作八务、七戒、六恐、五惧，皆有条章，以训厉臣子。又损益连弩，谓之元戎，以铁为矢，矢长八寸，一弩十矢俱发。"

而《三国志·杜夔传》裴松之注引傅玄的话中，有这样一段："先生（指马钧）见诸葛亮连弩，曰：'巧则巧矣，未尽善也。'

言作之可令加五倍。……今若马氏所欲作者，国之精器，军之要用也。……武安侯（指曹爽）忽之，不果试也。”

马钧见到诸葛亮的连弩后，称赞其设计精巧，但认为还不够完善。他认为，如果经过改造，诸葛连弩的战斗力还可以提升五倍。他认为制作的连弩是国家的精良器械，军队要使用。然而，曹爽对此忽视，没有让马钧进行试验。

无论是《三国志》中的翔实记载，还是裴松之注引中的生动描述，都充分证明了诸葛亮在兵器改良方面的卓越才华和深远影响。而马钧对连弩的进一步设想，虽然因种种原因未能实现，但从侧面反映了诸葛亮连弩设计的潜力和价值。如今，当我们回望那段波澜壮阔的历史时，损益连弩作为诸葛亮智慧与创造力的结晶，依然闪耀着璀璨的光芒，激励着后人不断探索和创新。诸葛亮与损益连弩的故事，将永远铭刻在中国军事史的丰碑上，成为后世传颂的佳话。

第八章

巨星陨落：诸葛亮的传世遗产

诸葛亮，巨星陨落，却永耀青史千秋。《出师表》字字情真，句句意切，其忠诚之心犹如皓月当空，长照后世。他的智谋深邃远大，影响绵延至今，所留传世遗产更是熠熠生辉，照耀人间。

《出师表》情真意切，忠诚之心耀青史

建兴五年（227 年）的春日，汉中大地被温柔的春意轻轻拥抱，万物苏醒，生机勃勃。诸葛亮驻军于此，营帐内灯火摇曳，映照着他伏案疾书的身影。案上铺展着一片片简牍，他手中紧握着饱蘸墨汁的狼毫，心中涌动的情感如江水滔滔，正欲化作简牍上的《出师表》。

夜色渐深，营帐外的巡逻将士身披铁甲，手持长枪，步伐坚定，他们的身影在月光下显得格外坚毅。而营帐内的诸葛亮却沉浸在深深的思索中，他的眉头紧锁，眼神时而凝重，时而深远，仿佛在与先帝刘备进行着一场跨越生死的心灵对话。

“先帝啊，您创业未半，却中道崩殂，留下这蜀汉的千钧重担于我。”诸葛亮心中默念，笔尖轻触简牍，却迟迟未落。他深知这份遗志的分量，这份责任的重大。那些与刘备并肩作战的日子，那些共商大计的夜晚，都历历在目。刘备那坚定的眼神、激昂的话语，还有那份对他的信任与期望，如同烙印一般深深地刻在他的心上。

思绪万千，诸葛亮提笔在简牍上写道："臣本布衣，躬耕南阳，苟全性命于乱世，不求闻达于诸侯。"他自谦地回顾自己的生平，心中涌动着对刘备的感激之情。刘备三顾茅庐，让他的人生轨迹发生了改变，让他有机会为蜀汉的兴盛贡献自己的力量。他仿佛又看到了那个风雪交加的日子，刘备带着关、张二人踏入他的草庐，那份诚意与决心让他感动至深。

接着，诸葛亮的笔触变得更加深沉。他开始思考如何向后主刘禅表达自己的忠诚与担忧。他知道，刘禅年轻气盛，缺乏经验，但他是刘备的儿子，是蜀汉的未来。他必须尽自己所能去辅佐他、教导他。

"陛下，您可知这益州疲弊，天下三分，蜀汉正处于危急存亡之秋？"诸葛亮心中忧虑重重，写出对严峻形势的分析。他凝视着窗外的夜空，仿佛看到了蜀汉的边疆。那里战火纷飞，民不聊生。他接着写道："然侍卫之臣不懈于内，忠志之士忘身于外者，皆因追念先帝之殊遇，欲报之于陛下也。"他希望通过文字让刘禅明白群臣的忠诚与奉献，珍惜这份力量，共同为蜀汉的未来而努力。

诸葛亮停下笔，轻轻叹了口气。他凝视着窗外的夜空，心中涌起对刘禅的无限关怀和期望。他深知，自己不仅要为北伐做好军事上的准备，更要为蜀汉政权的稳定操心。于是，他继续提笔在简牍上写道："亲贤臣，远小人，此先汉所以兴隆也；亲小人，远贤臣，此后汉所以倾颓也。"他恳切地告诫刘禅，要明辨是非、重用贤才、远离小人，以确保蜀汉政权的稳定和清明。他的眼神中透露出坚定，仿佛看到了未来的蜀汉在贤臣的辅佐下繁荣昌盛。

思绪再次回到北伐的大业上，诸葛亮深知战争拼的就是后勤和耐力。他提出"屯田战略"，希望通过分兵屯田确保北伐大军的粮草供应。他想象着田野里稻谷金黄、仓库里粮草堆积如山的景象，心中涌起一股欣慰。他将这种战略思考也融入《出师表》中，希望刘禅能够重视并采纳。

写着写着，诸葛亮的心中涌起一股使命感。他知道自己即将踏上一条充满艰辛和挑战的道路，但他坚信，蜀汉的未来一定会充满希望。他提笔在简牍上写下对北伐的决心和信心，表达了自己为蜀汉兴盛贡献一切的誓言。他的笔在简牍上飞舞，每一个字都仿佛蕴含着无穷的力量和坚定的信念。

最后，诸葛亮放下了笔，静静地凝视着眼前的简牍。他的眼中闪烁着坚定的光芒，仿佛看到了蜀汉的未来，看到了北伐大军凯旋的场景。他知道，《出师表》不仅是出征前的奏章，更是对蜀汉未来的期许。

当诸葛亮走出营帐时，夜色已深。他抬头望向星空，心中默念着先帝的名字，誓言要为蜀汉的兴盛鞠躬尽瘁，死而后已。月光洒在他的身上，为他披上了一层银色的战袍。而那写在简牍上的《出师表》，也如同他的忠诚与智慧一样，永远照耀着蜀汉的天空，激励着后世的无数人。

唐代诗人杜甫在《蜀相》一诗中写道："三顾频烦天下计，两朝开济老臣心。出师未捷身先死，长使英雄泪满襟。"此诗高度赞扬了诸葛亮的忠诚和智慧，以及他为蜀汉事业鞠躬尽瘁的精神。

宋代文豪苏轼评价《出师表》为"简而尽，直而不肆，大哉言乎，与《伊训》《说命》相表里，非秦汉以来以事君为悦者所能至也"。这一评价高度概括了《出师表》的文风和精神内涵，体现了其对后世文学和士人精神的影响。

时至今日，《出师表》所蕴含的忠诚、担当等精神品质，仍然被广大人民群众所传颂和崇尚。它不仅表现出诸葛亮对蜀汉的一片赤诚之心，更是中华民族优秀传统文化的重要组成部分，指引着人们为国家的繁荣富强、民族的伟大复兴而努力奋斗。

后世评价传颂千古

诸葛亮这位三国时期的杰出人物，以非凡的智慧、卓越的才能和坚定的忠诚，屹立于历史之巅。后世之人每每提及诸葛亮，无不肃然起敬。他的忠诚如同磐石般坚不可摧，无论风雨如何变幻，都始终如一。他深感刘备的知遇之恩，于是将一生的心血都倾注在蜀汉的兴衰之上。

对于诸葛亮的才智和品德，后人给予了极高的评价。清朝乾隆帝曾赞誉诸葛亮为“三代以下第一流人物”，并称赞他“公故无我，忠故无私”。这一评价准确地概括了诸葛亮一生公忠体国的精神风貌，彰显了他作为一位伟大政治家的崇高品质。

北宋大文豪苏轼也对诸葛亮推崇备至，他在《东坡志林》中描绘诸葛亮如“密如神鬼，疾如风雷”，对其军事才能和战略眼光赞叹不已。

作为诸葛亮在战场上的对手，司马懿也对他给予了极高的评价。在诸葛亮退军后，司马懿察看其营垒，不禁赞叹道：“天下奇才也！”（《三国志·诸葛亮传》裴松之注引《晋阳秋》）这一评价不仅体现了司马懿对诸葛亮的军事才能的认可，也彰显了诸葛亮在对手心中的威望和影响力。

清朝的赵翼在《廿二史札记》中对诸葛亮和刘备的关系进行了深刻的阐述：“亮乃第一流人物，二国俱不能得，备独能得之，亦可见以诚待人之效矣。”这句话不仅肯定了诸葛亮的才能，也赞扬了刘备的识人之明，进一步凸显了诸葛亮在历史长河中的独特地位。

而在《三国演义》中，曹操与徐庶的对话也生动地展现了当时民间对诸葛亮的看法。曹操问徐庶诸葛亮是何人，徐庶回答：“亮字孔明，道号卧龙先生。有经天纬地之才，出鬼入神之计，真当世之奇才，非可小觑。”虽然《三国演义》是小说，并非史料，但从这里能反映出诸葛亮的个人魅力在民间广泛流传。

此外，还有众多文人墨客对诸葛亮表达了高度的赞扬。

诸葛亮的成就不仅体现在他个人的才智和品德上，更体现在他对蜀汉政权的贡献以及对后世的影响上。在政治上，他协助刘备建立并稳定了蜀汉政权，推行一系列革新举措，提升国力，注重法治建设，使蜀汉政治清明、社会安定。他的治国理念和实践经验，为后世提供了宝贵的借鉴和启示。在军事上，他多次北伐中原，展现出了非凡的军事谋略和战略眼光，其军事思想和战术策略被后世广泛研究和学习。在文化上，他的文学造诣和书法艺术也在中国文化史上占有一席之地，为后世留下了丰富的文化遗产。

诸葛亮的故事和精神不仅成为历史长河中的璀璨明珠，更成为后世不断传承和发扬的宝贵财富。如今，我们站在历史的长河边回望诸葛亮的一生，不禁感慨万千。他的传世遗产将永远激励着后人前行，他的名字也将永远镌刻在历史的丰碑上，成为后世无数人心中的楷模。

诸葛亮生平年表

181年（东汉光和四年），诸葛亮出生于琅琊阳都。

184年（东汉中平元年），黄巾之乱爆发，时年诸葛亮仅4岁，天下大乱之始。

190年（东汉初平元年），董卓进京，掌控朝政，诸侯并起，天下分崩离析。诸葛亮时年10岁，随叔父诸葛玄迁徙至荆州襄阳。

197年（东汉建安二年），诸葛玄逝世，诸葛亮年仅17岁，在襄阳城西二十里的隆中定居，开始躬耕陇亩，博览群书，结交名士。

207年（东汉建安十二年），刘备三顾茅庐，诸葛亮时年27岁，与刘备畅谈天下大势，提出著名的“隆中对”战略，被刘备拜为军师，从此踏上辅佐蜀汉之路。

208年（东汉建安十三年），诸葛亮协助刘备联合东吴孙权，共同抵抗曹操大军，于赤壁之战中大败曹军，奠定三国鼎立之基。

211年（东汉建安十六年），刘备入蜀，诸葛亮留守荆州，总督内政，时年31岁，确保后方稳定，为刘备提供坚实支援。

214年（东汉建安十九年），刘备攻占益州，诸葛亮被拜为军师将军，署左将军府事，时年34岁，开始全面参与蜀汉政权的建设和管理。

219年（东汉建安二十四年），刘备称汉中王，诸葛亮被任命为丞相，总理国家大事，时年39岁，达到其政治生涯的顶峰。

221年（蜀汉章武元年），刘备称帝，建立蜀汉，诸葛亮被任命为丞相、假节，时年41岁，继续秉持“鞠躬尽瘁，死而后已”的精神，致力于恢复汉室。

222年（蜀汉章武二年），刘备伐吴失败，病逝于白帝城，托孤于诸葛亮。诸葛亮时年42岁，誓言辅佐幼主刘禅，维持蜀汉稳定。

223年（蜀汉建兴元年），刘禅即位，诸葛亮被封为武乡侯，领益州牧，时年43岁，开始南征孟获，稳固蜀汉南方。

225年（蜀汉建兴三年），诸葛亮南征胜利归来，开始筹备北伐曹魏，时年45岁。

228年（蜀汉建兴六年），诸葛亮首次北伐，因街亭失守而撤退，时年48岁，但其坚韧不拔的精神激励了蜀汉军民。

229年至234年（蜀汉建兴七年至十二年），诸葛亮多次北伐曹魏，虽屡遭挫败，但始终不渝，展现出非凡的军事才能和坚定的信念。

234 年（蜀汉建兴十二年）秋，诸葛亮因积劳成疾，病逝于五丈原，时年 54 岁，遗命葬于汉中定军山，其“鞠躬尽瘁，死而后已”的精神成为后世传颂的佳话。

附录：三国时期重要历史人物介绍

序号	人物名称	关系 / 描述
1	曹操	字孟德，东汉末年著名政治家、军事家、文学家、书法家。统一北方，奠定曹魏基础，精兵法，善诗歌。
2	刘备	字玄德，蜀汉开国皇帝，以仁德著称，三顾茅庐请诸葛亮出山，建立蜀汉政权，与魏、吴鼎立。
3	孙权	字仲谋，东吴开国皇帝，继承父兄基业，巩固江东，与刘备联盟于赤壁之战大败曹操，确立三国鼎立局面。
4	关羽	字云长，蜀汉名将，刘备义弟，以勇猛著称，温酒斩华雄，斩颜良诛文丑，过五关斩六将，威震华夏，后败走麦城被杀。

序号	人物名称	关系 / 描述
5	周瑜	字公瑾，东吴名将，英俊潇洒，精通音律，赤壁之战中指挥孙刘联军大败曹军，奠定三国鼎立基础，后病逝于巴丘。
6	黄月英	诸葛亮之妻，传说中才貌双全，擅长机关术，对诸葛亮多有助力。
7	徐庶	字元直，初为刘备谋士，后因母亲被曹操所获，被迫归曹，但终身不为曹操设一谋。
8	张飞	字益德，蜀汉名将，刘备义弟，勇猛无比，长坂坡据水断桥，义释严颜，为蜀汉立下赫赫战功。
9	毛玠	曹魏官员，以清廉著称，为曹操规划了“奉天子以讨不臣”的战略方针。
10	鲁肃	字子敬，东吴名将，继周瑜之后总督东吴兵马，力主孙刘联盟，共抗曹操。
11	黄盖	字公覆，东吴老将，赤壁之战中献苦肉计，诈降曹操，为火攻计的实施创造了条件。
12	蔡瑁	刘表部下，后降曹操，擅长水战，曾统领荆州水军。
13	刘璋	字季玉，益州牧，性格懦弱，后刘备入蜀，璋投降，益州归刘备所有。

序号	人物名称	关系 / 描述
14	刘巴	字子初，蜀汉官员，才智过人，曾多次为刘备解决财政困难。
15	孟获	南中豪强，曾起兵反叛蜀汉，后被诸葛亮七擒七放，终心服口服，归顺蜀汉。
16	马岱	蜀汉将领，马超堂弟，多次随诸葛亮北伐，后斩杀魏延。
17	赵云	字子龙，蜀汉名将，以忠勇著称，长坂坡单骑救阿斗，为蜀汉立下赫赫战功。
18	魏延	字文长，蜀汉将领，勇猛善战，多次随诸葛亮北伐，后因脑后反骨被马岱所杀（此为小说情节，正史中魏延实为被杨仪所害）。
19	曹真	字子丹，曹魏名将，曹操养子，曾统领曹魏大军抵御诸葛亮北伐。
20	姜维	字伯约，蜀汉将领，诸葛亮弟子，继承诸葛亮遗志，多次北伐中原。
21	马遵	曹魏官员，天水太守，姜维曾为其部下。
22	马谡	字幼常，蜀汉官员，参军，因失守街亭被诸葛亮斩首。
23	张郃	字儁乂，曹魏名将，以勇猛善战著称，后追击蜀军至木门道，中箭身亡。

序号	人物名称	关系 / 描述
24	王平	字子均，蜀汉将领，原为曹魏部将，后降蜀汉，为蜀汉北伐立下战功。
25	郝昭	曹魏将领，以守城著称，曾坚守陈仓，抵御蜀汉进攻。
26	陈式	蜀汉将领，曾随诸葛亮北伐。
27	郭淮	字伯济，曹魏将领，多次抵御蜀汉进攻，为曹魏边疆稳定立下功劳。
28	司马懿	字仲达，曹魏权臣，军事家，政治家，西晋王朝的奠基人，多次抵御诸葛亮北伐，后发动高平陵之变，掌握曹魏大权。
29	杨仪	蜀汉官员，诸葛亮死后，与魏延争权，后因不满朝廷封赏，自杀身亡。